Lanzarote

Infos und Tipps zu Land & Leuten

alle, die das
... ist anders!
... en hat einen
... ationen von
... aus vulkani-
... nirgendwo ist man der Erde
so nah wie hier. Daneben gibt es traumhafte
Strände, idyllische Dörfer, geheimnisvolle
Höhlen, eine herzliche Gastfreundschaft...
und die magischen Schöpfungen des großen
Künstlers César Manrique.

Inhaltsverzeichnis

Willkommen auf Lanzarote! 9

Alles über Ihre Urlaubsinsel: Lage und Landschaft (S. 12), Vegetation (S. 14), Tierwelt (S. 15), Klima (S. 16), Bevölkerung (S. 19), Kultur und Folklore (S. 20), Lebensstil (S. 25), Wirtschaft (S. 26).

Geschichte im Überblick 33

Hier lernen Sie die spannende Geschichte Lanzarotes kennen: Erst war es die „Insel der Glückseligen", dann kamen Fremde von weither: Zunächst Eroberer und Piraten, schließlich begeisterte Feriengäste.

Essen und Trinken 39

Lanzarote ist lecker: Hier erfahren Sie alles über die Spezialitäten, die Ihnen während Ihres Urlaubs serviert werden – und ab Seite 48 hilft Ihnen ein Wörterbuch dabei, die delikaten Dinge beim Namen zu nennen.

Shopping & Souvenirs 57

Wie wäre es, ein Stück der Trauminsel mit nach Hause zu nehmen? Hier lernen Sie all das kennen, was die geschickten Hände der Insulaner getreu nach alten Traditionen herstellen.

Arrecife: Die vitale Hauptstadt 65

Arrecife ist vor allem eines: echt. Hier spielt sich der Inselalltag in seiner unverfälschten Art ab, hier erleben Sie kanarischen Lebensstil pur. Und Sehenswürdigkeiten hat die Hauptstadt natürlich auch zu bieten.

Teguise: Die Bergschönheit 77

Teguise ist in jedem Falle eine Reise wert: Zweifelsohne ist die altehrwürdige Metropole mit ihren vielen anmutigen Bauten eine der allerschönsten Städte auf den kanarischen Inseln.

Puerto del Carmen: Das Urlaubszentrum 87

Puerto del Carmen hat es in kurzer Zeit vom 500-Seelen-Ort zum Urlauberparadies gebracht. Hier finden Sie alles, was das Ferienherz begehrt. Und daneben noch den Charme eines alten Fischerdorfes.

🐾 Inhaltsverzeichnis

93 — Unterwegs auf Lanzarote

So schön Ihr Ferienort auch sein mag: Lanzarote hat noch viel mehr zu bieten! Hier erfahren Sie, wie Sie am praktischsten von A nach B kommen: Alles über Busse, Taxis, Mietwagen und Zweiräder.

99 — Tour 1: Der Norden

Diese Tour führt Sie durch die grünen Gegenden der Insel, Sie erleben grandiose Landschaften und verträumte Orte. Doch damit nicht genug: Sie entdecken auch das faszinierende Werk César Manriques.

117 — Tour 2: Die Inselmitte und der Nordwesten

Auch auf dieser Tour begegnen Sie dem Werk Manriques, daneben erwarten Sie Wüstenlandschaft, Traumstrände und schließlich die Madonna, die ein Dorf vor dem Lavastrom rettete.

129 — Tour 3: Der Süden

Auf dieser Tour erleben Sie Lanzarote von seiner aufregenden Seite: Die Feuerberge, das kochende Meer und die giftgrüne Lagune. Zum beruhigenden Abschluss serviert man Ihnen ein Glas Wein.

147 — Tour 4: Isla La Graciosa

La Graciosa, „die Anmutige": So taufte der Seefahrer Béthencourt vor 600 Jahren das kleine Eiland vor der Nordspitze Lanzarotes – und wie gut dieser Name gewählt ist, erfahren Sie, wenn Sie der Insel einen Besuch abstatten.

154 — Sport, Spaß und Fiestas

Hier lesen Sie alles über die Orte, an denen Sie aktiv werden können: Sport & Spiel (S. 154), Spaß für Kinder (S.162), die wichtigsten Ausflugs-Strände (S. 168) – und zum Mitfeiern die besten Fiestas (S.172).

178 — Tipps von A-Z

Und schließlich das Praktische: Wie hält man's mit dem Trinkgeld? Wie mietet man einen Wagen? All das und vieles mehr erfahren Sie ab Seite 178; ein Orts- und Sachregister finden Sie ab Seite 190.

Erde aus Feuer geboren:
Die magische Bergwelt Lanzarotes

Land und Wasser:
Mitunter eine stürmische Begegnung

Willkommen auf Lanzarote!

Keine Insel des kanarischen Archipels ruft bei ihren Besuchern so gegensätzliche Reaktionen hervor wie Lanzarote. Die einen sind erschrocken über das triste, öde Erscheinungsbild – die anderen sind fasziniert von der bizarren Schönheit dieser Insel, in der man die ganze Kraft der vulkanischen Urgewalten erkennen kann. Wie auch immer man zu dem spröden Charme dieser fremdartigen Insel stehen mag – eines begeistert sicherlich die meisten der über eine Million Urlauber, die jährlich nach Lanzarote kommen: Eine Reihe schöner Strände, ein herrliches, sauberes, türkisfarbenes Meer und eine Fülle

Das Tal der tausend Palmen:
Fruchtbare Erde bei Haria

Willkommen auf Lanzarote

von Angeboten für einen aktiven Urlaub. Wassersportler aller Couleur, ob Schwimmer, Windsurfer, Segler oder Taucher, finden hier ihr Revier. Und ob Sie Rad fahren oder reiten, Golf spielen oder sich im Gleitschirmfliegen versuchen wollen – Angebote für einen abwechslungsreichen Urlaub finden sich genug.

Aber Lanzarote bietet auch dem „anderen" Urlauber faszinierende Erlebnisse. Hier kann er Stille und Zurückgezogenheit genießen, die Urtümlichkeit abgelegener Bergdörfer erleben und sich von einer wahrhaft großartigen Natur faszinieren lassen. Mehr als 300 Vulkane haben auf Lanzarote eine Landschaft geformt, wie es sie sonst auf der Welt nicht gibt. Nirgendwo kann man den Vulkanismus so hautnah und beeindruckend erleben wie auf dieser „Insel des Feuers", die mit bizarren, schwarzen Lavaströmen überzogen und von Aschen- und Schlackenfeldern bedeckt ist. Die von den Vulkanen geschaffene fantastische Mondlandschaft zeigt ein unglaubliches Farbenspektrum von schwarzen und

Timanfaya-Nationalpark:
So schleudert die Erde den Wasserguss zurück

🐾 Willkommen auf Lanzarote

dunkelroten Feuerbergen über Braun- und Ockertöne bis zu sandgelben und dann wieder violett schimmernden Felsformationen.

Der Tourismus hat auf Lanzarote erst Einzug gehalten, als Inseln wie Gran Canaria und Teneriffa schon einen riesigen Boom verzeichneten. Diese Nachzüglerrolle hatte für Lanzarote einen unschätzbaren Vorteil. Hier wurden nicht die Fehler wiederholt, die auf den Schwesterninseln gemacht wurden. So findet man keine Urlaubergettos oder hässliche Betonsiedlungen. Die Appartementanlagen und Hotels sind an die typische Bauweise der Insel angelehnt, architektonische Fremdkörper sind glücklicherweise die Ausnahmen geblieben. Diese behutsamere Entwicklung der Insel ist sicherlich auch ein großer Verdienst des Künstlers und Architekten César Manrique, der viel zur Gestaltung neuer Urbanisationen beigetragen hat und immer ein kritischer Mahner war, um seine Heimat vor sozialen und ökologischen Schäden zu bewahren (siehe auch Seite 29).

Noch ein weiterer Pluspunkt spricht für die Insel: die schon fast sprichwörtliche Sonnengarantie auf Lanzarote. Fast das ganze Jahr hindurch ist es trocken und frühlingshaft angenehm. Regen stört, wenn überhaupt, nur im Januar und Februar – und im Sommer werden Sie auf Lanzarote keine brütende Hitze erleben.

So hat die Insel, wenn auch erst auf den zweiten Blick, viele Reize: Sie ist anders, und in dieser Andersartigkeit liegt ein Zauber, dem man sich kaum entziehen kann. Die schwarze Perle der Kanaren lockt – wer die Faszination und den Charme ihrer spröden und kargen Landschaft erst einmal für sich entdeckt hat, wer die Urwüchsigkeit, die Ruhe und die Besinnlichkeit fernab der Alltagshektik und des Lärms der großen Städte erlebt hat, wird Lanzarote als sein Paradies empfinden.

Lage und Landschaft

Mächtiges Schauspiel:
So schlägt das Meer an die Küstenfelsen

Lage und Landschaft

Lanzarote ist die nordöstlichste und mit etwa 800 km² die viertgrößte der sieben bewohnten Kanarischen Inseln. Die größte Längsausdehnung der Insel beträgt etwa 60 Kilometer, an ihrer breitesten Stelle misst sie ca. 20 km. Nur etwa 130 km von Afrika, aber mehr als 1.000 km vom spanischen Festland entfernt, ist sie sowohl geologisch als auch historisch und kulturell eher Afrika zuzuordnen als dem europäischen Kontinent. Dennoch ist Lanzarote, wie auch die anderen Kanarischen Inseln, Teil von Spanien, oder präziser: Teil einer autonomen spanischen Provinz.

Wenn es um die Entstehung und Beschaffenheit der Insel geht, halten sich hartnäckig Theorien, die eher ins Reich der Fabel gehören. So wird behauptet, dass die Kanaren abgebrochene Teile von Afrika seien – oder aber Überreste eines versunkenen Kontinents. Beide Theorien haben Experten mittler-

🐾 Lage und Landschaft

weile widerlegt. Lanzarote ist, wie auch die anderen Kanarischen Inseln, vulkanischen Ursprungs. Auf einem Sockel des Atlantikbodens haben sich vor vermutlich 20 Millionen Jahren durch Eruptionen die ersten Schichtvulkane aus dem Wasser erhoben. Lanzarote und Fuerteventura sind dabei als Inseln deutlich früher entstanden als die anderen Kanaren. Forscher gehen davon aus, dass die beiden ältesten Inseln im Wesentlichen seit 5 Millionen Jahren in ihrer jetzigen Form bestehen.

Durch die Erosion im Laufe der Abertausenden von Jahren sind die beiden Insel-Schwestern im Gegensatz zu ihren jüngeren, westlichen Nachbarinnen deutlich abgeflacht. Dennoch gehört Lanzarote zu den Inseln, deren Vulkantätigkeit bis in die jüngere Vergangenheit hineinreicht. Zwischen 1730 und 1736 verwüsteten schwere Vulkanausbrüche den Westen der Insel. Die meisten Bewohner dieser Region mussten flüchten. Noch heute erinnern große Teile der unter den Lavamassen begrabenen Gebiete an eine Mondlandschaft. Der letzte Vulkanausbruch wurde auf Lanzarote im Jahr 1824 registriert. Noch jüngere Vulkantätigkeiten gab es nur noch auf Teneriffa (1909) und La Palma (1949 und 1971). Etwa 20 Prozent der Inselfläche ist mit Lavagestein bedeckt, eine Vegetation hat sich darauf nicht entwickeln können. „Malpaís" nennen die Lanzaroteños diese Gebiete: „Schlechtes Land", auf dem nichts wächst.

Zwei Bergregionen gibt es auf Lanzarote, im Südwesten Los Ajaches und im Nordosten der Risco de Famara, mit der höchsten Erhebung der Insel, dem Peñas del Chache mit 671 Metern. Der Risco de Famara fällt im Norden als Steilküste ab. Große Teile der Küste sind Klippen, die allerdings immer wieder von kleineren Strandbuchten unterbrochen werden. Längere Strandabschnitte mit feinem Sand befinden sich im Süden an der Playa de Papagayo

Vegetation

und bei Puerto del Carmen sowie im Norden an der Playa de Famara.
Die meisten Strände bestehen aus hellem, feinem Sand. Dabei handelt es sich aber nicht um herübergewehten Saharasand, wie vielfach behauptet wird, sondern um zerriebene Kalkschalen von Muscheln und anderen Meerestieren.

Vegetation

Lanzarote gilt als die kargste der Kanarischen Inseln. Was angesichts des wüstenähnlichen Charakters um so mehr überrascht, ist die Tatsache, dass es auf Lanzarote weit über 500 verschiedene Gewächse gibt. Als Folge der geringen Niederschläge handelt es sich dabei um Pflanzen, die in extremer Trockenheit überleben können. Viele dieser Gewächse haben natürliche Feuchtigkeitsspeicher, wie etwa die Agaven oder die kaktusähnlichen Wolfsmilchgewächse.

Aller Trockenheit zum Trotze:
Vielerorts grünen genügsame Pflanzen

🐾 Tierwelt

Einen großen Baumbestand oder gar ausgedehnte Wälder wie auf den westlicheren Kanareninseln wird man auf Lanzarote vergeblich suchen. Lediglich die kanarische Palme trotzt mit ihren langen Wurzeln der extremen Dürre. Ein kleines Wäldchen findet sich in der Palmenoase von Haría, dem „Tal der tausend Palmen". In früheren Jahrhunderten muss es auch auf Lanzarote Kiefern- und Lorbeerwälder gegeben haben, wie man sie auf anderen Kanarischen Inseln heute noch findet. Die Verödung Lanzarotes ist das Resultat einer bedenkenlosen Abholzung der Baumbestände.

In den Küstenregionen und in feuchten Höhlen sind verschiedene Flechtenarten zu finden. Viele der einst von den Spaniern eingeführten Zier- und Nutzpflanzen wachsen heute wild. In den Parkanlagen wird mit künstlicher Bewässerung dagegen die Anpflanzung von Hibiskus, Oleander, Strelizien und Bougainvillea kultiviert. Auch die in den Urlaubszentren gepflanzten Palmen, Lorbeer- und Eukalyptusbäume stammen nicht von der Insel und gedeihen nur mithilfe künstlicher Bewässerung.

Die Blütezeit auf Lanzarote ist relativ kurz. Nach den winterlichen Regenfällen verwandeln sich triste, öde Landstriche im Februar und März in farbenfrohe Blütenteppiche. In etwas höheren Regionen kann die Blütezeit noch ein bis zwei Monate länger dauern. Auch findet man in den Bergregionen, vor allem im Famaragebirge, dank der höheren Feuchtigkeit einen wesentlich größeren Artenbestand als im Flachland.

Tierwelt

Im Gegensatz zum benachbarten Afrika gibt es auf Lanzarote so gut wie keine gefährlichen Tierarten. Skorpione oder Giftschlangen kommen genauso

wenig vor wie gefährliches Großwild. Auch Mücken und Moskitos sind auf Lanzarote seltener als im Mittelmeerraum.
Wildlebende Säugetiere sind auf Lanzarote kaum anzutreffen. Neben Kaninchen, Fledermäusen und Igeln findet man nur noch streunende Katzen. In geringem Umfang werden Schafe, Ziegen, Esel und Dromedare noch als Nutztiere gehalten. Vielfältiger ist da schon die Vogelwelt auf Lanzarote. Neben Greifvögeln wie Bussarde oder Falken gibt es verschiedenste Taubenarten, Amseln, Blaumeisen, Spechte und Möwen.
Den klassischen gelben, singenden Kanarienvogel wird man auf Lanzarote vergeblich suchen. Es gibt ihn nur in einer völlig unscheinbaren Wildform im Norden der Insel.
Das mit Abstand häufigste Tier auf der Insel ist die Eidechse in ihren vielfältigsten Arten. Nicht zu verwechseln sind die Pflanzenfresser übrigens mit dem Gecko, der auf seiner Jagd nach Insekten auch vor Fassaden und Hotelzimmern nicht Halt macht.
Die Gewässer der Kanaren sind für ihren Fischreichtum bekannt. Mehr als 300 Arten von Fischen und anderen Meerestieren sind hier beheimatet. Neben Barsch, Makrele, Muräne, Rochen, Schwertfisch, Seezunge, Thunfisch und Tintenfisch ist der „vieja", eine nur hier vorkommende Meeräschenart, häufigster Bestandteil der Speisekarte.

Klima

Das Klima auf den Kanarischen Inseln ist bestimmt von einer bestechenden Gleichmäßigkeit. Das ganze Jahr über herrscht eine Art warmer Frühsommer, die Tagesdurchschnittstemperaturen liegen zwischen 17° C im Winter und 24° C in den Sommermonaten. Auch die Nächte sind mild – im Jahresmittel

Klima

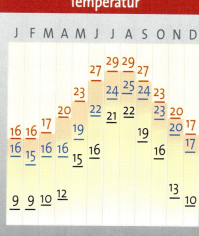

- Höchsttemperaturen
- Wassertemperaturen
- Tiefsttemperaturen

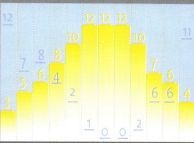

- Sonnenstunden pro Tag
- Regentage pro Monat

Klima

beträgt die Differenz zur Tageshöchsttemperatur 7° Celsius, was vor allem Herz- und Kreislaufkranken sehr gut bekommt.

Ursache dieses milden Klimas sind die atlantischen Strömungen sowie der Nordostpassat, unter dessen Einfluss die Kanarischen Inseln fast das ganze Jahr liegen. Im Winter bringt er Wärme mit sich, und im Sommer sorgt der Passat in den Küstenregionen für eine deutlich kühlere Temperatur als beispielsweise auf dem Festland.

Klimatisch weicht Lanzarote von den westlichen Nachbarinseln ein wenig ab. Während dort die Passatwinde niederschlagshaltige Dunstschleier und Wolken gegen die Bergkämme treiben, wo sie dann abregnen, fehlt dieser Niederschlag auf Lanzarote fast völlig. Zum einen ziehen die Passatwolken über die niedrigen Bergzüge hinweg, und zum anderen fehlen auf Lanzarote die Wälder, die den Nebelwolken ihre Feuchtigkeit entziehen können.

Die Niederschläge konzentrieren sich vor allem auf die Wintermonate Dezember und Januar, dabei sind sie selbst dann deutlich geringer als auf den anderen Kanarischen Inseln. Auch ist die Niederschlagsmenge sehr unterschiedlich, so gibt es auf Lanzarote Dürrejahre ohne nennenswerte Regenfälle. Die Monate Juni bis August sind fast regenfrei. Allerdings kann dann der Passat auch mal seinen Einfluss verlieren, wenn nämlich heiße, trockene und sandhaltige Sahara-Winde, von Afrika kommend, gegen ihn blasen – und das Quecksilber für zwei oder drei etwas ungemütliche Tage auf über 40° Celsius treiben.

Die Wassertemperatur steht ebenfalls unter dem Einfluss der Passat-Strömungen. Im August und September ist es mit 22° Celsius am wärmsten; die kühlste Wassertemperatur hingegen liegt in den Monaten März bis Mai; doch selbst dann misst man noch 17° Celsius.

🐾 Bevölkerung

Noch lebt die Tradition: Bauerntum nach Art der Väter

Bevölkerung

Rund 1.5 Mio. Menschen leben auf den Kanarischen Inseln – etwa 90.000 davon auf Lanzarote. Durch die wirtschaftliche Verlagerung auf den Tourismus haben sich die Einwohner in den letzten Jahrzehnten zunehmend in die Küstenregion und die Hauptstadt Arrecife orientiert. Nur noch 20 % der Einwohner leben in den bäuerlichen Regionen, die Hälfte der Lanzaroteños wohnt in Arrecife. Durch Naturgegebenheiten wie Dürreperioden und den Niedergang der Landwirtschaft waren viele Einwohner in den vergangenen Jahrhunderten gezwungen, auf andere Kanarische Inseln, nach Spanien oder Südamerika abzuwandern, um dort Arbeit zu finden. Die Bevölkerungszahl stagnierte oder war stellenweise sogar rückläufig. Erst mit dem Tourismus und dem dadurch bedingten wirtschaftlichen Aufschwung wuchs die Einwohnerzahl deutlich. Nahezu die Hälfte der jetzigen Einwohner ist erst in der letzten Generation auf die Insel gekommen.

Kultur und Folklore

Etwa ein Drittel, die alteingesessenen Insulaner, entstammt einem Völkergemisch. Es sind Nachfahren normannischer und spanischer Kolonialisten, die sich nach der Eroberung auf der Insel niedergelassen hatten, sowie der Majos, wie die Ureinwohner aus vorspanischer Zeit genannt werden.

Obwohl durch ihren Pass als spanische Staatsangehörige ausgewiesen, fühlen sich die Kanarier in den seltensten Fällen als Spanier, oder „Goten", wie sie ihre iberischen Landsleute gerne nennen. Sie fühlen sich als Kanarier oder als Isleños, als Insulaner. Auch mit der offiziellen Amtssprache Spanisch nehmen es die Kanarier nicht so genau. Ihr Dialekt verhält sich zum offiziellen Spanisch etwa so wie Bayrisch zum Hochdeutschen. Außerdem verwenden sie viele eigenständige Begriffe, die ihre Ursprünge in Afrika oder Südamerika haben.

Kultur & Folklore

Von der ursprünglichen kanarischen Kultur ist nur wenig erhalten geblieben. Als die Spanier im 15. Jahrhundert ihre Eroberungsfeldzüge führten, trafen sie auf eine Steinzeitkultur. Durch das Fehlen von Erz auf der Insel kannten die Ureinwohner von Lanzarote, die Majos, weder Bronze noch Eisen. Dennoch waren sie begabte Handwerker, die eine hohe Fertigkeit bei der Herstellung von keramischen Erzeugnissen und der Bearbeitung von Holz erlangt hatten. Einige Funde aus dieser Zeit sind in einer Ausstellung in Arrecife zu sehen (siehe auch Seite 68). Die Keramik ist auch heute ein beliebtes Produkt der kanarischen Handwerkskunst.

Mit der Kolonialisierung durch die Spanier kam maurische und andalusische Baukunst auf die Insel. In den alten und gewachsenen Ortschaften kann man die Entwicklung der Baustile von den flachen,

🐾 Kultur und Folklore

kleinen Natursteinhäusern der Majos über die verschiedenen Epochen europäischer Architektur von Gotik und Renaissance bis hin zu den klassizistischen Bauten des 19. Jahrhunderts verfolgen.
Bedingt durch die abgeschiedene Lage des Archipels haben Malerei und Literatur auf den Inseln eher ein Schattendasein geführt. Dennoch war es zwei Söhnen Lanzarotes vergönnt, eine weltweite Bekanntheit zu erlangen.
Der erste, José Clavijo y Fajardo, wäre sicher nicht über die Grenzen Spaniens hinaus bekannt geworden. Erst Goethe verschaffte dem Schriftsteller und Gelehrten Popularität, als er Teile der Biografie des Lanzaroteños zur Tragödie „Clavigo" umdichtete. Bei Goethe stirbt Clavigo in einem Duell – was den zum Zeitpunkt der Uraufführung noch putzmunter lebenden José Clavijo sehr amüsiert haben soll.
Der zweite große Sohn der Insel, der Maler, Bildhauer, Architekt und Landschaftsplaner César Manrique, hat bis in die neunziger Jahre gewirkt. Der 1919 in Arrecife geborene Künstler war mit Ausstellungen in aller Herren Länder vertreten und lehrte in Madrid und New York. Sein Schaffen und sein Engagement hatten erhebliche Auswirkungen auf das Gesicht seiner Heimatinsel. Viele Lanzaroteños sind sicher, dass die Insel heute ohne Manrique völlig anders aussähe (siehe auch Seite 29).
Eine besondere Rolle spielt die Musik auf den Kanarischen Inseln. Musiziert, gesungen und getanzt wird gerne und zu etlichen Anlässen. So kann es Ihnen passieren, dass Sie sich an einem Strand, wo sich viele Einheimische aufhalten, plötzlich inmitten einer Fiesta wiederfinden. Oder Sie geraten bei einer Inseltour in eine Tenderete: Halten Sie an, lauschen Sie – oder noch besser, feiern Sie mit! Beliebt sind bei den Kanariern die Seguidillas, Lieder, deren Strophen, meist von einem Solosänger vorgetragen, frei getextet werden. Dabei geht es um Alltägliches

Weltoffen, aber heimatstolz:
Das Selbstbewusstsein der Lanzaroteños

Patrioten mit Kugelschreibern

Im Grunde tragen Sie Lanzarote ja fast immer bei sich. Wo? Im Portemonnaie. Man kann sich das stille Behagen der Insulaner anlässlich der Euro-Einführung vorstellen: Zwar wusste man hier, wie auch überall anders, noch nicht so genau, was das neue Geld mit sich bringen würde. Aber immerhin war Lanzarote jetzt weithin kenntlich, und zwar in der gesamten Währungszone: Auf der Rückseite der Banknoten ist die Euro-Land-Karte abgebildet, und hier, zwischen dem mattierten Nordafrika und den eingeklinkten französischen Besitzungen in Übersee, finden sich gut sichtbar die Kanarischen Inseln, zuvorderst Lanzarote. Immerhin! Man war zufrieden, genauso wie die Brüder und Schwestern auf Fuerteventura, Gran Canaria, Teneriffa und La Palma. Anderswo jedoch gellten Schmerzensschreie. Die Bewohner El Hierros und La Gomeras waren äußerst pikiert: Wo verdammt sind wir? Warum setzt man uns nicht auf die Scheine? Gibt es uns etwa nicht? Flugs wandte man sich an Brüssel. Dort waren sich die Offiziellen keiner Schuld bewusst, immerhin wurden die Euro-Scheine doch mit voller Absicht derart nichtssagend gestaltet, dass keiner je Grund zur Beschwerde haben sollte. Und nun das. So machten sich die Star-Bürokraten kundig. Und beschieden den beiden unsichtbaren Kanaren Folgendes: Um auf den Euro zu kommen, hätten sie laut Verordnung mindestens 400 Quadratkilometer Land bieten müssen – Gomera habe aber nur 378, Hierro gar nur 278. Tja. Pech gehabt. Da kann man nichts machen... denkste! Wer solches vermutet, weiß nichts vom findigen Patriotismus der Kanarischen Bevölkerung. Auf den beiden unsichtbaren Inseln galt seither ein Ehrenkodex: Wer immer eine neue Euro-Note bekam, nahm den Kugelschreiber zur Hand – und ergänzte das unzureichende Kartenwerk mit einem kleinen Punkt. Schauen Sie nach... vielleicht tragen Sie ein solches Werk kanarischer Heimatliebe gar schon in Ihrer Geldbörse.

Kultur und Folklore

Sitzen in souveräner Ruhe:
Hier schätzt man die Hektik nicht allzusehr

wie Essen, Trinken, Geld oder Arbeit – und natürlich immer wieder um die Liebe. Auch die kanarischen Volkstänze sind sehr reizvoll. Zu temperamentvollen, heiteren Klängen wird gesprungen, gestampft und geklatscht. Auffallend ist, dass sich viele südamerikanische Elemente, wie etwa Salsa-Rhythmen, in die kanarische Musik gemischt haben. Nicht ohne Grund, denn gezwungen durch die schlechte wirtschaftliche Lage in den vorigen Jahrhunderten sind etliche Kanarier nach Südamerika ausgewandert. Heimkehrer haben die in der Fremde lieb gewonnene Musik wieder mit zurückgebracht. Aber auch andalusische und nordafrikanische Einflüsse finden sich in der Musik Lanzarotes wieder. Begleitet werden Sänger und Tänzer von kleinen Orchestern. Typische Instrumente sind die Timple, ein kleines Saiteninstrument, Schellentambourin, Kastagnetten und die an eine Laute erinnernde Bandurria. Falls Ihnen die Klänge der Insel gefallen, können Sie sie übrigens auch kaufen: Mittlerweile ist die kanarische Folklore bestens auf CD dokumentiert.

Lebensstil

Weniger Wettkampf als folkloristischer Charakter zeichnet die beiden überaus populären Sportarten „Lucha Canaria" und „Juego del Palo" aus. Bei Lucha Canaria handelt es sich um einen traditionellen Mannschafts-Ringkampf, der Juego del Palo ist ein Stockspiel, das hohe Geschicklichkeit erfordert: Mit zwei Stöcken greift man seinen Gegner an bzw. versucht, dessen Schläge zu parieren. Der Körper soll bei diesem Kampf so wenig wie möglich bewegt werden. Wurden diese Spiele Anfang des 20. Jahrhunderts meist spontan ausgetragen, so gehören sie heute zum festen Bestandteil fast jeder großen Fiesta.

Lebensstil

Kanarier sind gastfreundlich, großzügig, hilfsbereit, tolerant und nicht zuletzt ausgesprochen kinderlieb. Allerdings sollten Sie während Ihres Urlaubs auf Lanzarote einige kleine Spielregeln beachten, mit denen Sie die Gebräuche und Gefühle Ihrer Gastgeber respektieren.
So sollten Sie weder Kirchen noch die Restaurants der Einheimischen in Badekleidung betreten. In den Touristenzentren ist allerdings gegen ein saloppes Outfit nichts einzuwenden.
Nacktbaden sollten Sie nur an Stränden, an denen FKK toleriert wird (siehe Seite 182).
Respektieren Sie die Privatsphäre, und fragen Sie Einheimische um Erlaubnis, bevor Sie Fotos von ihnen machen. Man wird Sie verstehen und diese Geste zu schätzen wissen, selbst wenn die Verständigung aufgrund von Sprachproblemen schwierig ist.
Die Kanarier haben einen ausgeprägten Familiensinn. Viele leben im Generationenverbund, und das Sorgen füreinander hilft, manche schwache Stelle im sozialen Netz zu schließen. Was wir vielleicht

verächtlich als „Vetternwirtschaft" abtun möchten, gehört für die Kanarier zum täglichen Leben. Die Hilfsbereitschaft der Kanarier ist sprichwörtlich – erwarten Sie allerdings nicht, dass alles in Minutenschnelle klappt. Gut Ding will Weile haben, und wir Westeuropäer tun gut daran, uns auf das andere Zeitgefühl einzulassen. Alles erledigt sich dann viel entspannter.
Der Entspannung dient auch die lange Mittagsruhe, die Siesta, eine wirklich segensreiche Erfindung. Was macht es da schon aus, wenn zwischen 13 und 16 Uhr Läden, Werkstätten, Museen und andere öffentliche Einrichtungen geschlossen haben...?

Wirtschaft

Noch bis in die siebziger Jahre war die Landwirtschaft der wichtigste Erwerbszweig der Insel. Angesichts der kargen, dürren Landschaft mutet das paradox an – aber die Bauern auf Lanzarote hatten ein weltweit einmaliges Trockenanbau-Verfahren entwickelt. In eine dünne, fruchtbare Erdschicht werden die Feldfrüchte eingesetzt und danach der ganze Boden mit Lavabrocken abgedeckt. Die Lavasteine speichern Feuchtigkeit und absorbieren die Sonneneinstrahlung. Auf diese Weise konnten Wein, Kartoffeln, Getreide, Tabak, Tomaten, Zwiebeln und andere Gemüse angebaut werden.
In vergangenen Jahrhunderten hatten immer wieder Naturkatastrophen wie Dürre, Heuschreckenplagen oder Vulkanausbrüche für Missernten gesorgt. Trotzdem schafften es die Lanzaroteños immer wieder, zu überleben und von neuem anzufangen. Der größte Feind der Landwirtschaft ist heute der Tourismus, in dessen lukrative Arbeitsplätze immer mehr junge Dorfbewohner flüchten. Wenn überhaupt, wird nur noch für den Eigenbedarf angebaut. Mit einer Aus-

🐾 Wirtschaft

nahme: Der Weinanbau erfreut sich wieder größerer Beliebtheit. Statt des traditionellen süßen Malvasiers sind es aber immer mehr trockene Rebsorten, die jetzt angebaut werden.

Der wichtigste Wirtschaftszweig auf Lanzarote ist heute mit Abstand der Tourismus. Etwa zwei Drittel des Bruttosozialproduktes werden mit einer Million Urlaubern jährlich auf der Insel erwirtschaftet. Rund 80 % der Erwerbstätigen sind direkt oder indirekt im Tourismus tätig. Deutlich abgeschlagen folgen Fischerei, Baugewerbe und Handwerk. Die industrielle Produktion auf Lanzarote ist nicht erwähnenswert. Auch der Export von Fisch und handwerklichen Erzeugnissen lohnt nicht. Auf Lanzarote gibt es keine moderne Fischfangflotte. Was mit kleinen Booten aus dem Meer geholt wird, reicht gerade für den Eigenbedarf. Und auch die handwerklichen Erzeugnisse wie Keramik, Flecht- und Korbwaren oder Stickerei, meist Produkte kleiner Familienbetriebe, bleiben auf der Insel, oder verlassen höchstens als Souvenirs in den Koffern der Urlauber den Archipel.

Zugkräftiges Gefährt:
Traktor etwas älterer Bauart

Manriques Meisterwerk:
Der Mirador del Rio

César Manrique

Es ist unmöglich, sich zwei Wochen auf Lanzarote aufzuhalten, ohne Bekanntschaft mit dem Werk von César Manrique zu machen. Der Maler, Bildhauer, Architekt und Landschaftsgestalter ist fast allgegenwärtig. Ohne sein Wirken und Engagement sähe Lanzarote heute anders aus, räumen selbst seine Kritiker ein. Die Auswüchse des Massentourismus sind der Insel erspart geblieben.

César Manrique wurde 1919 in Arrecife geboren. 1945 ging er nach Madrid, studierte Kunst und Architektur, wurde Mitbegründer der spanischen Abstrakten und machte sich durch etliche Kunstausstellungen in Europa, Japan und den USA weltweit einen Namen. 1965 wurde er an das Internationale Institut für Kunsterziehung in New York berufen. Allerdings hielt er es nur 3 Jahre in Amerika aus, 1968 kehrte er auf seine Heimatinsel zurück. Neben seinem unermüdlichen künstlerischen Schaffen trat Manrique auf Lanzarote gegen Bauspekulanten und für eine Bewahrung der Natur ein. Etliche seiner Kunstwerke und Bauten sind im Einklang von Natur und Gestaltung entstanden. Sein ehemaliges Wohnhaus in Tahiche (siehe auch Seite 100f) ist in ein Lavafeld gebaut, Lavablasen sind in die Wohnräume integriert worden. Die wichtigsten Sehenswürdigkeiten der Insel tragen Manriques Handschrift, und zusammen mit der Umweltschutzgruppe „El Guincho" stritt der Künstler für einen sanften Aufbau des Tourismus, eine behutsame Expansion sowie eine Architektur, die sich harmonisch in die Natur einfügt.

Seiner Initiative ist es zu verdanken, dass für ganz Lanzarote ein Bebauungsplan verabschiedet wurde, den es bislang für keine andere Region Spaniens gab. César Manrique starb 1992 bei einem Autounfall. Um dem Rummel in Tahiche zu entfliehen, hatte er seine letzten Jahre zurückgezogen in Haría verbracht.

Sonnenuntergang auf Lanzarote:
Ein himmlischer Anblick

Lanzarote in Stichworten

Größe:
Mit 800 km² Oberfläche ist Lanzarote die viertgrößte der sieben bewohnten Kanarischen Inseln. Die maximale Länge der Insel beträgt etwa 60 km, in ihrer Breite dehnt sie sich auf bis zu 20 km aus, ihre schmalste Stelle ist etwa 6,5 km breit.

Lage:
Lanzarote liegt rund 1.000 km vom spanischen Mutterland, aber nur 130 km von der afrikanischen Westküste entfernt.

Höhe:
Mit 671 Metern ist der Peñas del Chache die höchste Erhebung Lanzarotes.

Politische Gliederung:
Lanzarote ist Teil der Provinz Ostkanarische Inseln, hierzu zählen außerdem noch Gran Canaria und Fuerteventura. Diese Provinz wird von Las Palmas auf Gran Canaria aus regiert; zusammen mit den Westkanarischen Inseln bildet sie eine spanische Region.

Einwohner:
Rund 90.000 Einwohner leben auf der Insel, etwa die Hälfte davon in der Hauptstadt Arrecife. Etwa eine Million Urlauber pro Jahr besuchen die Insel.

Wirtschaft:
Tourismus, Landwirtschaft, Bauwesen und Fischerei sind die Haupteinnahmequellen der Insel.

Sprache:
Spanisch ist Amtssprache, wird aber oft mit starkem Dialekt gesprochen. Im Tourismusbereich sprechen viele Mitarbeiter deutsch oder englisch.

Schwarzer Stein von großer Schönheit:
Der Zauber Lanzarotes

Geschichte im Überblick

Vermutlich um 1100 v. Chr. landen phönizische Seefahrer auf den Kanarischen Inseln. Dort leben Ureinwohner, die wahrscheinlich aus Nordafrika stammen, in einer primitiven Steinzeitkultur.

Im 1. Jahrhundert n. Chr. beschreibt Plinius der Ältere in einem Buch eine Inselgruppe, die er „Inseln der Glückseligen" nennt. Der Archipel gerät jedoch wieder in Vergessenheit.

1312 n. Chr. werden die Inseln von Italienern wiederentdeckt. Der Genuese Lancellotto Mallocello (nach dem die Insel vermutlich benannt wurde) landet auf Lanzarote und errichtet dort eine Festung. In der Folgezeit besuchen auch Portugiesen, Katalanen und Basken die Insel – und überziehen sie mit zahlreichen Beutezügen. Etliche Bewohner Lanzarotes werden trotz eines päpstlichen Verbotes als Sklaven verschleppt.

1402 beginnen kastilische Eroberungszüge. Lanzarote wird zuerst unterworfen. Im Auftrag der spanischen Krone besetzt der Normanne Jean de Béthencourt die Insel und erobert in den Folgejahren auch die anderen Kanaren.

1406 verlässt Béthencourt die Insel und setzt seinen Neffen Maciot zum Statthalter ein. Als ruchbar wird, dass auch er einen schwunghaften Sklavenhandel betreibt, wird er seines Amtes enthoben. Mitte des 15. Jahrhunderts gehen die Besitzansprüche auf die Familie Herrera über, die ebenfalls Sklavenhandel

Geschichte im Überblick

betrieben und die Insel wirtschaftlich ausgebeutet haben soll.

Ende 15. Jh.: Spanien nimmt die Insel wieder in Besitz und setzt Lehnsherren ein (señores), die auf der Insel eine uneingeschränkte Macht ausüben können.

1492 macht Christoph Kolumbus mit seinen drei Schiffen Zwischenstation auf den Kanarischen Inseln, bevor er auf der Suche nach Indien Amerika entdeckt.

Von Mitte des 16. bis Ende des 18. Jahrhunderts werden die Kanarischen Inseln immer wieder von Eroberern überfallen. Piraten, Niederländer, Franzosen und Briten versuchten häufiger, die Inseln zu besetzen – allerdings ohne dauerhaften Erfolg.

1730 - 1736 verwüsten Vulkanausbrüche im Timanfayagebiet weite Landstriche. Die Bewohner der zerstörten Dörfer flüchten auf Nachbarinseln. Viele wandern nach Süd- und Mittelamerika aus.

1824 werden im Südwesten der Insel die bislang letzten Vulkanausbrüche registriert.

1836 wird die Lehnsherrschaft aufgehoben.

1852 erklärt die spanische Königin Isabella II. die Kanaren zur Freihandelszone. Dieses soll Handel und Schiffsbau beleben, die Armut der Inseln lindern.

1912 erhalten die Kanarischen Inseln ein Selbstverwaltungsrecht.

1927 werden die Kanaren in zwei Provinzen aufge-

Geschichte im Überblick

Bewacht vom goldenen Raubtier:
Die Iglesia in Teguise

teilt, Lanzarote, Fuerteventura und Gran Canaria bilden die östliche Provinz Las Palmas de Gran Canaria.

1936 bereitet der damalige Militärgouverneur der Kanaren, General Franco, den faschistischen Putsch in Spanien vor. Nach wenigen Tagen sind die Inseln in der Hand der Faschisten – der Bürgerkrieg in Spanien sollte noch drei Jahre dauern.

1956: Mit der Landung des ersten Charterflugzeugs auf Gran Canaria beginnt die Ära des Tourismus auf den Kanarischen Inseln. Lanzarote wird allerdings erst ein Jahrzehnt später von Pauschalurlaubern „entdeckt".

1976: Nach Francos Tod wird Spanien zur parlamentarischen Monarchie, die Kanarischen Inseln werden zur „Autonomen Region" zusammengefasst.

1986 tritt Spanien der EU (damals noch EG) bei.

Geschichte im Überblick

Die Baukunst Lanzarotes:
Modern veredelte Urwüchsigkeit

1993 werden die Kanarischen Inseln voll in die Europäische Union integriert. Allerdings gilt eine besondere Steuerregelung.

2001: Um den Charakter der Insel zu bewahren, wird erneut ein Baustopp für Hotels verhängt - allerdings mit der Einschränkung, dass bereits genehmigte Objekte weiter errichtet werden können.

2002: Flut-Katastrophe in Deutschland, Solidaritätsakt der Kanaren: 1.000 hochwassergeschädigte Kinder werden, zusammen mit Eltern und Helfern, vom kanarischen Ministerpräsidenten Rodriguez zu einem Gratis-Urlaub auf die Inseln eingeladen.

2003: Im Februar empfängt Lanzarote hohen Besuch. Ministerpräsident Aznar und Kanzler Schröder treffen sich auf der Insel zu spanisch-deutschen Gipfelgesprächen.

Ein trefflicher Ort für tiefe Gespräche:
Männerthemen im Schatten des Baumes

Unverfälscht und delikat:
Die Küche der Insel

Essen und Trinken

Wie überall auf den Kanarischen Inseln können Sie auch auf Lanzarote zwischen zwei verschiedenen Küchen wählen. In den Touristenzentren hat man sich den Bedürfnissen vieler Urlauber angepasst und kocht international. Ob Pizza oder Wiener Schnitzel – serviert wird alles, was der Gast wünscht, leider oft nur in durchschnittlicher Qualität. Wer Halb- oder Vollpension gebucht hat und seinen Urlaubsort nicht verlässt, wird die kanarische Küche nie kennen lernen. Ein Ausflug ins Hinterland oder ein Abstecher in die schmalen Gassen der Altstädte bringt Sie auf die richtige Fährte. Riecht es dann auch noch heftig nach Knoblauch, und sieht das Restaurant schlicht und schmucklos aus, sollten Sie

In Begleitung eines edlen Tropfens unwiderstehlich:
Köstlichkeiten der schlichteren Art

Essen und Trinken

einkehren. Die typisch kanarische Küche ist zwar nicht raffiniert – bietet aber auch für unseren Gaumen viele schmackhafte Überraschungen. Vorausgesetzt, man akzeptiert Knoblauch und Olivenöl als wichtige Bestandteile vieler Speisen. Auf den Tisch kommt alles, was Insel und Meer hergeben: Fisch, Schalentiere, Huhn, Schwein, Lamm, Hammel und Kaninchen – nicht zu vergessen die vielen Gemüse, die sich nicht nur als Beilagen, sondern auch in herzhaften Eintöpfen, Suppen und Pfannengerichten wiederfinden. Einschränkend muss man allerdings erwähnen, dass die Erträge der Insel schon seit geraumer Zeit kaum noch zur Eigenversorgung ausreichen, geschweige denn den Bedarf der Urlauber abdecken. So kann es durchaus sein, dass auch in den Lokalen der Einheimischen importierte Zutaten vom spanischen Festland, den Nachbarinseln oder gar aus Südamerika verwendet werden.

Frühstück

Während die Hotels und Ferienanlagen ihre Gäste mit einem kontinentalen Frühstück oder einem Frühstücksbuffet verwöhnen, misst die Inselbevölkerung der morgendlichen Mahlzeit keinen hohen Stellenwert bei. Das Frühstück ist auf Lanzarote, wie überall in Spanien, die unwichtigste Mahlzeit. Wenn überhaupt, dann reichen ein Toast oder einige churros (in Öl gebackene Krapfen) zum Kaffee. Der schwarze Muntermacher ist auch tagsüber sowie nach den anderen Mahlzeiten ein wichtiges Getränk für die Einheimischen. Er wird als café solo (schwarz, in kleiner Tasse), café cortado (mit wenig Milch in kleiner Tasse) oder als café con leche (mit sehr viel Milch in großer Tasse) getrunken.
Wie fast überall in Spanien wird auch auf den Kanarischen Inseln spät gegessen, die Kanarier setzen

Essen und Trinken

Zum Anbeißen süß:
Das Angebot der Dulceria

sich meist nicht vor 14 Uhr bzw. vor 20 Uhr an den Tisch. Den touristischen Bedürfnissen angepasst, haben sich auch auf Lanzarote die Tischzeiten schon etwas verschoben. Das Mittagessen wird zwischen 13 und 15 Uhr, das Abendessen in der Regel zwischen 19 und 23 Uhr eingenommen. Oft wird Ihnen ein komplettes Menü angeboten. Einige der nachfolgend beschriebenen Gänge können aber auch vollwertige Mahlzeiten sein (Eintöpfe) oder lassen sich nach Belieben individuell kombinieren.

Mittag- und Abendessen

Als Vorspeisen (entremés) werden meist kalte Platten (siehe auch tapas) serviert, zum Beispiel gegrillte, kleine Fische wie Sardinen oder Sardellen (pejines), stark geräucherter Schinken (jamón serrano), frischer weißer Ziegenkäse (queso blanco) und Oliven (aceitunas) – oder Sie entscheiden sich für frittierte calamares oder Muscheln im Weinsud

Essen und Trinken

Authentische Inselkost:
Frischfisch zwischen Meer und Teller

(mejillones). Zu allen Vorspeisen gibt es natürlich frisches Brot. Wenn Sie in einem typisch kanarischen Restaurant zu Gast sind, werden die Vorspeisen oft gemeinsam serviert, jeder pickt sich seine Häppchen von dem großen Teller in der Mitte des Tisches.

Oft als Hauptgericht, aber manchmal auch als erster Gang (primer plato), wird Suppe oder Eintopf angeboten. Zu empfehlen sind natürlich Fischsuppe (sopa de pescado) in allen Variationen, Maissuppe (caldo de millo), potaje, eine deftige Gemüsesuppe oder sopa de ajo, eine Knoblauchsuppe. Der puchero, ein Gemüseeintopf mit Schweine- oder Kalbfleisch, ist eine typisch kanarische Spezialität und kann auch als Hauptmahlzeit gegessen werden. Ein absolutes Muss zu jeder Suppe oder jedem Eintopf ist gofio, die jahrhundertealte Nationalspeise der Kanarier. Gofio ist ein Maismehl (seltener Weizen oder Gerste), das nicht gebacken, sondern lediglich geröstet und zum Eindicken aller möglichen Speisen verwendet wird. Kenner lassen sich gofio auch als

🐾 Essen und Trinken

Beilage servieren. Man greift mit den Fingern ein Stück aus der breiigen Masse, rollt es zu einer Kugel und tunkt es in die Soße ein.

Beim zweiten Gang (segundo plato) haben Sie die Wahl zwischen Fisch und Fleisch. Probieren Sie einmal vieja oder cabrilla, typische heimische Fischarten, die nur in dieser Atlantikregion zu finden sind. Ebenfalls angeboten werden Seezunge oder Zackenbarsch. Da Fisch auf verschiedene Arten zubereitet werden kann, sollten Sie die von Ihnen gewünschte Variante vorher mit dem Kellner abklären. Unser kulinarisches Wörterbuch ab Seite 48 hilft Ihnen dabei.

Sollten Sie Appetit auf Fleisch haben, ordern Sie conejo (Kaninchen) oder Jungziege (cabrita). Zu Fisch und Fleisch gehört eine kalte Soße. Mojo verde, eine grüne Kräutertunke mit viel Koriander und Petersilie, passt zum Fisch. Mojo rojo, eine scharfe rote Soße aus Chili, Knoblauch und Paprikaschoten liebt der Kanarier zu Fleischgerichten.

Als Beilage zu allen Fisch- und Fleischgerichten werden die berühmten Schrumpelkartoffeln papas arrugadas serviert – eine Spezialität, die die kanarischen Fischer schon vor Hunderten von Jahren kannten. Ungeschälte, aber gut gereinigte Kartoffeln werden so lange im Salzwasser gekocht, bis das Wasser verdunstet ist und sich eine Salzkruste auf den mittlerweile runzligen Kartoffeln gebildet hat. Gegessen werden die papas arrugadas natürlich mit Schale und Kruste.

Als Nachspeise (postre) kommt meistens frisches Obst in allen Variationen auf den Tisch. Wer es ganz süß mag, sollte den Karamellpudding flan probieren. Oder bienmesabe, eine Mandelcreme mit Honig. Womöglich sagen Sie dann auch „bien me sabe": Das schmeckt mir gut! Als pikanter Abschluss der Speisefolge eignet sich Lanzarotes Spezialität queso de cabras, ein herber Ziegenkäse.

Essen und Trinken

Sehr zum Wohle:
Leckere Longdrink-Kreation

Tapas

Neben den drei obligatorischen Mahlzeiten macht der Kanarier auch gerne mal eine Pause für ein tapa, ein kleines Häppchen zwischendurch, das wörtlich übersetzt eigentlich „Deckel" heißt. Entstanden ist dieser Begriff durch den Brauch, sein Getränkeglas mit einem Tellerchen abzudecken, um den Inhalt vor lästigen Fliegen zu schützen. Irgendwann begannen die Wirte, ein paar kleine Leckereien (wie etwa Oliven, Sardellen, Schinken oder Käse) auf diese Tellerchen zu legen...

Mittlerweile gehören Tapas zum festen Angebot in vielen Bars und Restaurants. Hinter einem Glas-Tresen findet sich eine üppige Auswahl allerlei rustikaler Delikatessen, aus denen Sie per Fingerzeig auswählen können. Probieren Sie einmal Tintenfisch, Garnelen mit Knoblauchsoße, frittierte Krabben oder chorizo, eine pikante Salamispezialität, Leberscheiben in Knoblauch oder kleine Kalbsfilets. Übrigens: Tapas sind wirklich nur kleine Happen

🐾 Essen und Trinken

– es sei denn, Sie bestellen eine medio ración oder gleich eine ganze ración. Wer sich mit den kleinen Tapas richtig satt essen will, kann mehr Geld dabei ausgeben als für ein komplettes Menü im Restaurant.

Getränke

Des Kanariers liebstes alkoholisches Getränk ist nicht etwa Wein, sondern Bier (cerveza). Selbstverständlich sind etliche internationale Biermarken auf der Insel erhältlich – aber auch die heimischen, auf den Nachbarinseln Teneriffa und Gran Canaria hergestellten Biere sind durchaus empfehlenswert. Der Weinanbau auf Lanzarote bringt respektable Qualitäten hervor, deckt quantitativ jedoch noch nicht einmal einen Bruchteil des Eigenbedarfs, sodass kräftig vom spanischen Festland importiert wird. Trockene Weine kommen aus Nordspanien (Penedes, Rioja), süße aus dem Süden. Sherryweine werden zumeist aus Andalusien importiert. Natürlich sind auf der Insel auch mittel- und hochprozentige Getränke beliebt. So schließt man ein üppiges Mahl gerne mit einem Cognac oder einem Brandy ab.

Gastronomie

Bar

Bars sind auf Lanzarote keine Nacht-Clubs, sondern kleine Kneipen, in denen man neben Getränken in der Regel auch Speisen bekommt, wie zum Beispiel Tapas zu jeder Tages- und Abendzeit. In Bars treffen sich überwiegend Männer zum Plaudern, Kartenspielen oder Fernsehen.

Essen und Trinken

In Meeresnähe noch einmal so köstlich: Festmahl mit Aussicht

Dulcería

Hier gibt es Süßes – und zwar Gebäck, Kuchen und Torten. Dulcerías sind vergleichbar mit unseren Konditorei-Cafés.

Restaurant

Bei Restaurants zeigt sich Lanzarote vor allem in den Touristenzentren international – ganz egal, ob Sie nun typisch spanisch oder italienisch, französisch oder deutsch essen möchten. Hier einige Lokale herauszugreifen ist müßig, zu oft ändern sich auch Angebot und Qualität. Entdecken Sie selber nach Lust, Laune und Geschmack Ihr Lieblingsrestaurant in Ihrem Urlaubsort.
Die meisten Restaurants an der Küste haben für ihre Gäste mehrsprachige Speisekarten. Falls Sie bei Ihren Touren durch die Insel auf rein spanische Karten stoßen, wird Ihnen das kulinarische Lexikon ab Seite 48 helfen, die richtige Auswahl zu treffen.

Nicht ohne Aufwand zu bebauen:
Die schwarze Erde Lanzarotes

Speisekarte

GETRÄNKE

agua	Wasser
agua mineral	Mineralwasser
agua natural	Leitungswasser
agua con gas	Mineralwasser mit Kohlensäure
aguardiente	Schnaps
bebida	Getränk
café con leche	Milchkaffee
café cortado	Kaffee mit (wenig) Milch
café solo	Kaffee schwarz
cerveza	Bier
ginebra	Wacholderschnaps
leche	Milch
limonada	Limonade
licor	Likör
sangria	Rotweinbowle
té	Tee
vino	Wein
vino blanco	Weißwein
vino del país	Landwein aus der Region
vino dulce	lieblicher Wein
vino embotellado	Flaschenwein
vino medio seco	halbtrockener Wein
vino rosado	Roséwein
vino seco	trockener Wein
vino tinto	Rotwein
zumo	(Frucht-) Saft

FISCH

acedía	Flunder
almejas	Muscheln
anchoas	Anchovis
anguila	Aal
arenque	Hering
atún	Thunfisch
bacalao	Kabeljau
besugo	Brasse

🐾 Speisekarte

FISCH

Sardellen	boquerones
Makrele	caballa
Tintenfisch	calamares
Krebs	cangrejo
Fischteller	cazuela
Schalentiere	crustaceos
Meerestiere	frutos de mar
Languste	langosta
Seezunge	lenguado
Zackenbarsch	mero
Auster	ostra
Barsch	perca
Fischgericht	pescado
Fisch	pez
Schwertfisch	pez espada
Krake	pulpo
Krabbe	quisquilla
Lachs	salmón
Hai	tiburón
Forelle	trucha
Jakobsmuschel	vieira
heimischer Fisch	vieja

FLEISCH / GEFLÜGEL / WURST

Fleischkloß /Frikadelle	albóndiga
Braten	asado
Geflügel	aves
Beefsteak	bistec
Kaninchenragout	cachuela
Fleischbrühe	caldo
Fleisch	carne
Hammelfleisch	carnero
geräuchertes Fleisch	cecina
Schweinefleisch	cerdo
Salami	chorizo

Speisekarte

Fleisch / Geflügel / Wurst

chuleta	Kotelett
conejo	Kaninchen
empanada	Fleischpastete
escalope	Schnitzel
estofado	Schmorbraten
faisán	Fasan
gallina	Huhn
ganso	Gans
gigote	Hackbraten
guisado (picante)	Gulasch, Ragout
hígado	Leber
jamón	Schinken
lengua	Zunge
liebre	Hase
morcilla	Blutwurst
pato	Ente
pecho	Brust
perdiz	Rebhuhn
picadillo	Hackfleisch
pichón	Taube
pierna	Keule
riñones	Nieren
rollo	Roulade
rosbif	Roastbeef
salchichas	Würstchen
salchichón	Salami
solomillo	Filet
tocino	Speck
tortuga	Schildkröte

Gemüse / Salat

berza	Kohl
calabaza	Kürbis
cebollas	Zwiebeln
chauchas	grüne Bohnen

Speisekarte

Gemüse / Salat

Kartoffeleintopf	cocido
Kohl	col
Rosenkohl	col de Bruselas
Rotkohl	col lombarda
Blumenkohl	coliflor
Kohlrabi	colinabo
Salat	ensalada
Spargel	espárragos
Spinat	espinacas
Erbsen	guisantes
Gemüse	hortaliza
Bohnen	judías
weiße Bohnen	judías secas
grüne Bohnen	judías verdes
grüner Salat	lechuga
Gemüse	legumbres
Linsen	lentejas
Kartoffeln	papas
Gurke	pepino

In Kürze ein leckerer Salat: Bunte Früchte des Feldes

Speisekarte

Gemüse / Salate

potaje	Gemüsesuppe
repollo	Weißkohl
setas	Pilze
zanahorias	Karotten

Beilagen / Gewürze

aceite	Öl
aceitunas	Oliven
ajo	Knoblauch
arroz	Reis
azafrán	Safran
berro	Kresse
canela	Zimt
clavo	Nelke
comino	Kümmel
enebro	Wacholder
estragón	Estragon
fideos	Fadennudeln
hierbas	(Würz-) Kräuter
laurel	Lorbeer
mojo picon	pikante Soße
mojo rojo	scharfe rote Soße
mojo verde	scharfe grüne Soße
mostaza	Senf
moscada	Muskat
pepinillo	Essiggurke
perejil	Petersilie
pimienta	Pfeffer
pimiento picante	Paprika
salsa	Soße
salvia	Salbei
vinagre	Essig

Speisekarte

GEBÄCK / SÜSSPEISEN

Pfefferkuchen	alajues
gemischtes Eis	arlequín
Zucker	azúcar
Waffeln	barquillos
Mandelcreme	bienmesabe
Schoko-Dessert	bonbon gigante
Pudding	budín
Spritzgebäck	buñuelo
Marmelade	confitura
Karamellcreme	flan
Speiseeis	helado
Schaumgebäck	merengue
Honig	miel
Schlagsahne	nata batida
Gebäck	pastas
Kuchen	pastel
Fruchteis	sorbete
Windbeutel	suspiro
Torte	torta
Mandelkuchen	turrón

OBST

Aprikosen	albaricoques
Kirschen	cerezas
Pflaumen	ciruelas
Mirabellen	ciruelas amarillas
Datteln	dátiles
Erdbeeren	fresas
Johannisbeeren	grosellas
Zitrone	limón
Apfel	manzana
Apfelsine	naranja
Birne	pera
Ananas	piña
Banane	plátano

Speisekarte

OBST

sandía	Wassermelone
uvas	Weintrauben

DIVERSES

bocadillo	Sandwich
gofio	geröstetes Maismehl
huevo	Ei
rábano picante	Meerrettich
huevo al plato	Spiegelei
huevos revueltos	Rührei
mantequilla	Butter
pan	Brot
pan blanco	Weißbrot
pastel de patatas	Reibekuchen
queso	Käse
queso blanco	Schafskäse
requesón	Quark
sémola	Grieß
tortilla francesa	Omelett
yema	Eigelb

ZUBEREITUNG

a la brasa	vom Grill
a la cazuela	mit Soße in einer Tonschale
a la canaria	auf typisch kanarische Art
a la vinagretta	in Essigtunke
ahumado	geräuchert
al ajillo	in Knoblauchsud
al horno	im Backofen
asado	gebraten, gebacken
bien hecho	gut durch (Fleisch)
cocinado	gekocht
crudo	roh
en adobo	eingelegt

🐾 Speisekarte

Eine delikate Beilage zum Fisch:
Papas arrugadas, die salzigen Runzelkartoffeln

ZUBEREITUNG

mit pikanter Tunke	en salmorejo
paniert	empanado
gebacken	frito
flambiert	flambeado
gedünstet	guisado
medium	medio hecho
englisch	poco hecho
gefüllt	relleno

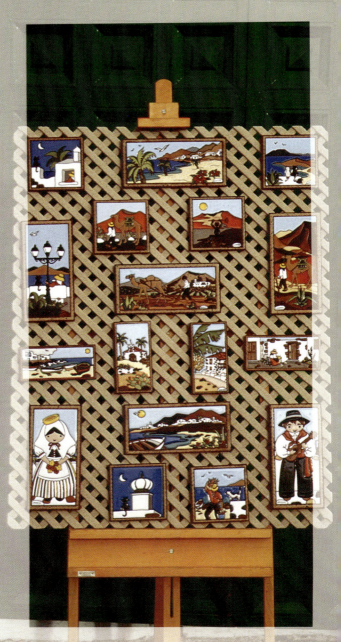

Ein wenig Lanzarote für die heimische Wand:
Naive Malerei nach Art der Kanaren

Shopping & Souvenirs

Die Kanarischen Inseln galten lange Zeit als Einkaufsparadies. Um ihnen eine starke Handelsposition zu verschaffen, hatte die spanische Regierung die Kanaren Mitte des 19. Jahrhunderts zur Freihandelszone erklärt. Nachdem vor einigen Jahren die Zollvorteile abgeschafft wurden, erhielten die Inseln eigene, neue Steuergesetze zur Belebung der Wirtschaft. Der Urlauber spürt davon beim Einkauf allerdings wenig. Deshalb ist vor allem in den vielen Geschäften, in denen fernöstliche Unterhaltungselektronik und Optik offeriert werden, dringend Vorsicht geboten. Oft werden dort Kameras, Radios, Recorder und Ähnliches zu Preisen angeboten, die nicht oder nur unwesentlich unter den deutschen

Wegen Siesta vorübergehend geschlossen: Kiosk unter Palmen

Shopping & Souvenirs

Verkaufsfläche ist überall:
Manchmal liegt das Souvenir auf der Straße

Ladenpreisen liegen. Wer Produkte und Preise nicht sehr gut kennt, sollte unbedingt einen Bogen um diese verlockenden Angebote machen. Zudem müssen Sie die Waren, falls deren Wert die Freigrenze von 175 Euro überschreitet, bei der Einreise nach Deutschland versteuern.
Supermärkte und Boutiquen in den Tourismuszentren bieten nahezu alles, was man für den Urlaub benötigt. Außerdem können Sie hier Uhren, Schmuck, Porzellan, Keramik, Lederwaren, Schnitzereien, Kosmetik und Textilien aller Art kaufen. Wenn Sie jedoch auf der Suche nach wirklich typischen kanarischen Souvenirs sind, vor allem Stickereien, Flecht- und Tonwaren, können Sie in den Artesanias fündig werden. In diesen Kunstgewerbeläden ist auch die Timple, ein typisch kanarisches Zupfinstrument, erhältlich. Natürlich bieten auch Erkundungstouren durch die Insel einige Möglichkeiten, direkt bei den Herstellern, meist kleine Werkstätten oder Ateliers, die landestypischen Produkte zu erstehen.

Shopping & Souvenirs

Übrigens: Feilschen ist auf Lanzarote unüblich. Es sei denn, Sie sind an einem Sonntagvormittag in Teguise. Auf diesem Markt gehört Feilschen zum guten Ton – und ist vonnöten: Den Nachlass, den Sie beim Handeln herausholen, hat der findige Verkäufer schon in den Ausgangspreis einkalkuliert.

Stickereien

Vielerorts finden Sie auf Lanzarote kunstvolle Stickerei-Artikel wie Tischdecken, Sets, Kleidungsstücke und Bettwäsche mit der für die kanarischen Inseln so berühmten Hohlsaumstickerei. Aber auch hier sind die meisten Stücke maschinell gefertigt, stammen vom spanischen Festland oder gar aus Taiwan. Dennoch finden sich kunst- und wertvolle Einzelstücke aus heimischer Handarbeit. Gute Adressen für schöne und authentische Arbeiten sind die Artesanias, so zum Beispiel die Tienda y Talleres Artesanía in Haría.

Schicke Stickereien: Aber Vorsicht vor Fälschungen!

Shopping & Souvenirs

Hübsches für's heimische Küchenregal: Bunt bemalte Keramik

Tonwaren

In vielen Geschäften und in den meisten Touristenorten werden Tonwaren angeboten. Wer aber auch hier auf Originalität setzt, sollte einen Abstecher nach Munique (Werkstatt von Doña Dorothea) oder Mozaga (Werkstatt von Juan Brito Martín) unternehmen.

Timple

Die Timple ist eine traditionelle, meist fünfsaitige Klein-Gitarre, die bei fast allen Fiestas auf Lanzarote ihren charakteristischen Ton erklingen lässt. Als Mitbringsel zu Preisen um 200 Euro ist es noch erschwinglich und in Artesanias sowie guten Souvenirläden erhältlich. Die besonders schönen Exemplare mit kunstvollen Einlegearbeiten können leicht ein Fünffaches kosten – und sind fast nur noch auf Vorbestellung zu bekommen. Handwerker, die heute noch die hohe Kunst des Timplebaus beherrschen,

Shopping & Souvenirs

findet man z.B. in Teguise. Gitarristen müssen sich übrigens, wollen sie die Timple spielen, etwas umstellen: Die Stimmung ist D-A-E-C-G.

Märkte

Wochenmärkte sind auf Lanzarote kaum vorhanden. Die beiden einzig nennenswerten gibt es in Teguise, wo Lebensmittel, Dinge des alltäglichen Bedarfs und Kunstgewerbliches angeboten werden (jeden Sonntagvormittag ab 9 Uhr), sowie in Playa Blaca (mittwochs, 10 bis 14 Uhr). Ein Kunstgewerbemarkt findet jeden Freitag ab 18 Uhr im Pueblo Marinero in Costa Teguise statt.

Pflanzen

In den letzten Jahren ist es sehr in Mode gekommen, ein botanisches Andenken mit nach Hause

Nach einer deutschen Prinzessin benannt: Die betörend schöne Strelizie

Shopping & Souvenirs

zu bringen. In den Jardinerias findet sich eine reichhaltige Auswahl an Blumensamen und Pflanzensetzlingen von der Strelizie bis zur kanarischen Palme.

Olivin

Der grüne Halbedelstein ist zwar nicht besonders wertvoll – dennoch wird er, vor allem mit Silber, von einigen Kunsthandwerkern zu besonders schönen Schmuckstücken verarbeitet. Der Olivin wird in vulkanischen Landschaften gefunden, die mittelalterliche Mystikerin Hildegard von Bingen schreibt ihm eine Beziehung zum Herzen zu. Obwohl der Olivin als typisches Schmuckstück der Insel gilt, kommen die verarbeiteten Steine fast ausnahmslos aus Übersee und werden zumeist in Asien geschliffen, bevor sie auf die Kanarischen Inseln gelangen. Auf Lanzarote kommt der Olivin zwar auch natürlich vor, eignet sich aber wegen seiner geringen Größe nicht zur Verarbeitung.

Ein problematisches Mitbringsel:
Die Ausfuhr von heimischen Olivin-Steinen ist verboten

Shopping & Souvenirs

Eben nicht immer aus echtem Ebenholz:
Afrikanische Volkskunst auf Lanzarote

Das sollten Sie meiden:

Lavasteine

Einst waren Lavasteine wie etwa Olivin die begehrtesten Mitbringsel von der Insel. Heute ist das Sammeln und Mitnehmen der Steine verboten. Zoll und Polizei machen strenge Stichproben.

Elfenbein

Schon der Gedanke an Tier- und Artenschutz sollte uns einen großen Bogen um Elfenbein machen lassen. Im Übrigen ist die Einfuhr der aus Elefantenzähnen gefertigten Schmuckstücke streng verboten.

Ebenholz

So schön es auch aussehen mag: Das vor allem von afrikanischen Händlern angebotene „Ebenholz" verliert meist beim ersten Kontakt mit Wasser seine „schöne" schwarze Farbe.

Eine Festung voller Vergangenheit:
Das Castillo de San Gabriel in Arrecife

Arrecife –
die vitale Hauptstadt

Die Hauptstadt Lanzarotes ist Hafenstadt und Dienstleistungszentrum zugleich. Sie ist sicher kein „Schmuckstück" auf den ersten Blick, offenbart sich aber bei näherem Hinsehen als sympathische Metropole mit viel urwüchsigem, urbanem Flair. Die Sehenswürdigkeiten Arrecifes lassen sich an zwei Händen abzählen, und an einem Tag hat man die wichtigsten Punkte der Stadt gesehen. Dennoch sollte ein Besuch von Arrecife bei keinem Inselurlaub fehlen. Denn hier kann man einen lebhaften Eindruck von einheimischer Lebensweise bekommen, die vom Tourismus scheinbar unbehelligt geblieben ist. Lassen Sie sich vom ersten Eindruck also nicht täuschen, denn es gibt einige wirklich

Arrecife

sehenswerte und interessante Dinge zu entdecken. Machen Sie einen Spaziergang durch den lauschigen, von Arkaden gesäumten Parque Municipal, bummeln Sie durch das lebhafte Geschäftsviertel, entdecken Sie die archäologischen Schätze im Castillo de San Gabriel und genießen Sie das schöne Viertel um die Lagune Charco de San Ginés.
Bis zur Mitte des 19. Jahrhunderts war das im Inland liegende Teguise die Hauptstadt Lanzarotes. Arrecife war noch bis zum Ende des 18. Jahrhunderts ein kleiner Hafenort, der allerdings einen unschätzbaren Vorteil hatte. Durch vorgelagerte Korallenbänke verfügte der Hafen über einen natürlichen Schutz. Das spiegelte sich auch in dem Namen des Ortes wieder, denn Arrecife bedeutet so viel wie „Felsriff". 1852 wurde die Hauptstadtfunktion auf Arrecife übertragen, und der Ort nahm zunächst durch Fischfang und seinen Frachthafen, dann in den letzten Jahrzehnten vor allem durch den Tourismus einen rasanten Aufschwung. Heute leben etwa 40.000 Menschen – und damit rund die Hälfte der Inselbevölkerung – in Arrecife und verleihen dem pulsierenden Ort fast einen großstädtischen Charakter.

Calle León y Castillo

Wenn Ihnen der Sinn nach einer Shopping-Tour steht, sollten Sie die Hauptgeschäftsstraße hinunterbummeln, welche übrigens auch „Calle Real", die königliche Straße, genannt wird. Tagsüber ist sie teilweise für den Autoverkehr gesperrt. Hier residieren die größten Banken, daneben finden sich etliche schicke Boutiquen und Läden aller Art, einige von ihnen weisen noch stilvoll-alte Einrichtungen auf, andere widmen sich dem touristischen Kitsch. In den kleinen Seitenstraßen westlich der Calle León y Castillo finden sich weitere nette Geschäfte.

Arrecife

Ein hübscher Anblick:
Arrecife vom Castillo de San Gabriel

Casa de los Arroyo

Die Casa de los Arroyo wurde Anfang des 18. Jahrhunderts gebaut und gilt als eines der ältesten erhaltenen Wohnhäuser Arrecifes. Ursprünglich als Domizil eines Militärgouverneurs errichtet, wurde das Gebäude erst Ende der achtziger Jahre vor dem Verfall gerettet und aufwändig restauriert. Das unter Denkmalschutz stehende Haus gibt einen schönen Einblick in die Wohnkultur wohlhabender kanarischer Bürger Ende des 18. Jahrhunderts. Ebenfalls in dem Gebäude untergebracht ist eine Ausstellung des lanzaroteñischen Künstlers Pancho Lasso.
Avenida Coll

Castillo de San Gabriel

Die Festung befindet sich auf einer kleinen Insel, die Arrecife vorgelagert ist. Früher kam man nur über eine Zugbrücke auf die Insel, die wegen ihrer Turmzierde auch „Kugelbrücke" genannt wird und zum

Arrecife

Wahrzeichen Arrecifes wurde. Heute führt ein zweiter Weg auf die kleine Insel, der auch mit dem Auto befahren werden kann. Das Kastell wurde 1573 als Schutz gegen Piratenangriffe gebaut. Vorher befand sich hier eine hölzerne Befestigungsanlage, die allerdings den Seeräubern keinen nennenswerten Widerstand bieten konnte.

Auch die steinerne Festung fiel nach kurzer Zeit einem Piratenangriff zum Opfer, wurde allerdings kurz darauf wieder aufgebaut. Vom Castillo genießt man einen sehr schönen Panoramablick über Arrecife.

In den Räumen der Festung ist das archäologische Museum untergebracht. Ein Besuch ist lohnenswert, erfährt man doch einiges über die Geschichte der Insel. Von Fossilien über Waffen, Keramikgegenstände, Münzen und Schmuck bis hin zu Skeletten reichen die Exponate, die von verschiedenen Ausgrabungsstätten auf Lanzarote stammen. Geheimnisvoll wirken ein Monolith und diverse Felsschriften, die bislang noch kein Forscher entziffern konnte.

Museo Arqueológico, geöffnet Mo - Fr, 9 - 14 Uhr

Castillo de San José

Oberhalb des Hafens, an der Straße nach Costa de Teguise, befindet sich eine weitere Schutzburg, die Ende des 18. Jahrhunderts erbaut wurde. Das Kastell ist nach Plänen von César Manrique sorgfältig restauriert worden, nachdem es zu verfallen drohte. Heute beherbergt die Burg das Museum für zeitgenössische Kunst, das – ebenso wie ein Restaurant im Untergeschoss – auch die Handschrift Manriques trägt. Neben Werken des sehr produktiven Lanzaroteños sind in dem Museum auch Bilder und Skulpturen renommierter spanischer Künstler wie Mompá, Milares, Miró oder Tápies zu sehen.

Museo Internacional de Arte Contemporaneo, Puerto de Naos, geöffnet Mo - Sa, 11 - 21 Uhr

Arrecife

Ruhevolle Rückzugsräume:
Arrecife hat viele lauschige Ecken zu bieten

Charco de San Ginés

Charco bedeutet so viel wie „Pfütze" und bezeichnet eine kleine Lagune, die in das Stadtgebiet hineinreicht. Rings um dieses natürliche Hafenbecken stehen etliche kleine Häuser, die in leuchtendem Blau und Weiß wunderschön renoviert sind. Dieses ehemalige Fischerviertel lässt sich am besten genießen, wenn man auf der Promenade einmal um den Charco herumspaziert. Genießen kann man auch den schönen Blick auf die Lagune, auf der bunte Fischerboote dümpeln. Kleine Cafés und Restaurants laden zum Verweilen ein.

El Almacén

In den frühen siebziger Jahren konzipierte César Manrique dieses Kulturzentrum, das er schlicht „Warenhaus" taufte. Hier sollten sich aufstrebende Künstler aus aller Herren Länder austauschen können. Zudem sollte sie ein Forum finden, ihre Werke

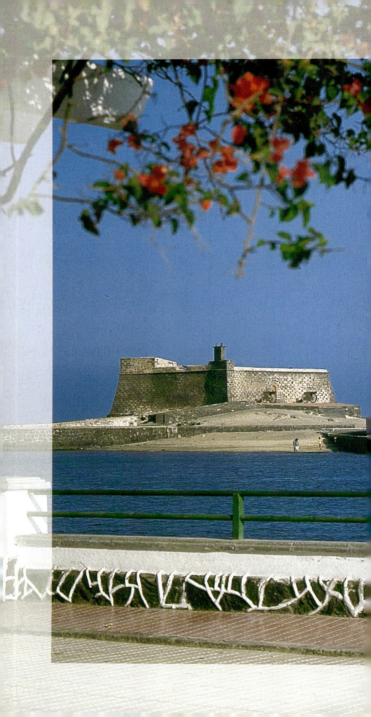

Trutzig und kanonenbewehrt:
Das Castillo de San Gabriel

Arrecife

zu präsentieren und zu verkaufen. Das anfänglich von Manrique finanzierte Projekt umfasste eine Galerie, ein Kino und eine Bar. Heute verwaltet die Inselregierung das Gebäude, in dem sie mittlerweile auch eine Volkshochschule betreibt.
Calle José Betancort

Iglesia de San Ginés

Die Kirche in ihrer jetzigen Form und Größe stammt aus dem 19. Jahrhundert. An ihrer Stelle stand vorher eine kleine Kapelle, die ein französischer Einwanderer baute und dem Bischof von Clermont stiftete. Der Heilige San Ginés ist heute Stadtpatron und wird mit einer Skulptur im Inneren der dreischiffigen Kirche geehrt. Der helle Bau ist schlicht gehalten und liegt inmitten eines ruhigen, verwinkelten Viertels. Plaza de Las Palmas, geöffnet täglich, 9 - 13 und 17 - 20 Uhr

Ein Wahrzeichen der Kanarischen Inseln:
Das Harz des Drachenbaums wurde einst exportiert

Arrecife

Der atmosphärische Zauber des Hafens: Boote im sanften Spiel der Wellen

Mercado Municipal

In der Nähe der Iglesia de San Ginés befindet sich ein hübscher, kleiner Markt, der in einem Innenhof liegt. Hier bieten die Bauern der Umgebung frische Feldfrüchte und Gemüse an. Ebenfalls lohnenswert ist die kleine Fischhalle mit einem sehr schönen Angebot an fangfrischem Fisch. Allerdings sollte man den Markt recht früh besuchen, um noch eine große Auswahl zu finden.
Calle Libre, geöffnet Mo - Sa, 7 - 12 Uhr

Parque Islas Canarias / Gran Hotel

Der kleine Park an der Meerseite der Mancomunidad Dr. Rafael Gonzáles Negrín wurde von César Manrique entworfen. Er ist der zentrale Ort für die meisten Feste der Stadt, wie etwa für den Dreikönigstag, den Karneval oder das Patronatsfest. Auf einer Open-Air-Bühne finden gelegentlich Konzerte statt, dahinter befindet sich der Club Náutico. An

Auch die Felsküste lockt zum Bade:
Das Meer bei Arrecife

Arrecife

der entgegengesetzten, westlichen Seite des Parks steht das einzige Hochhaus der Insel, bzw. das, was noch davon übrig geblieben ist. In den sechziger Jahren wurde das 15-geschossige Gebäude als Luxushotel errichtet. César Manrique, der zum Zeitpunkt des Baus in den USA weilte, soll nach seiner Rückkehr entsetzt gewesen sein und den sofortigen Abriss gefordert haben. Das „Gran Hotel" blieb zwar stehen, erwies sich allerdings als unrentabel, stand mehrere Jahre ungenutzt und brannte 1994 aus. Pläne für die Ruine gibt es vielfältige – eine Entscheidung über die Zukunft des Klotzes ist jedoch noch nicht gefallen.

Parque Municipal

Entlang der Avenida Generalísimo Franco, zur Wasserseite hin, erstreckt sich der Stadtpark. Hier spaziert man zwischen Palmen und Oleander, Cafés laden zum Verweilen, und für Kinder gibt es ein Karussell und eine Luftkissenlandschaft. Ein Pavillon beherbergt die Touristeninformation.

Puerto de Naos / Puerto de los Mármoles

Nordöstlich des Stadtzentrums liegt der alte Hafen Puerto de Naos. Seinen natürlichen Schutz erhält der Hafen durch zwei vorgelagerte Inseln, die mit einem Damm verbunden sind. Auch heute noch erfüllt er seine Funktion – nahezu die gesamte Fangflotte Lanzarotes liegt in dem Hafen. In dem sich anschließenden modernen Puerto de los Mármoles wird der Frachtumschlag abgewickelt. Ein kleines Industriegebiet – übrigens das einzige auf der Insel – liegt unmittelbar am Hafen. Früher befanden sich hier Salinen zur Salzgewinnung, heute arbeiten dort drei staatliche Meerwasser-Entsalzungsanlagen.

Lichtes Dach auf schlichtem Stein:
Turm der Iglesia San Miguel in Teguise

Teguise –
die Schönheit in den Bergen

Teguise fällt aus dem Rahmen. Die einstige Hauptstadt strahlt in frischem Glanz, der andalusische Baustil erinnert an die große Zeit der spanischen Kolonialisierung, und abseits der Küste kann man auf eine spannende historische Entdeckungstour gehen.

Teguise gilt als eine der schönsten Städte der Kanarischen Inseln und ist gleichzeitig die älteste des Archipels. Seine Geschichte geht bis weit in die vorspanische Zeit zurück, da bereits die Ureinwohner hier eine kleine Ansiedlung hatten. Mit den Eroberungen der Béthencourts wurde Teguise ab 1418 zur Residenz der adligen Machthaber und übte die Hauptstadtfunktion bis 1852 aus. Obwohl

Teguise

der Ort etwa zehn Kilometer von der Küste relativ gut geschützt in einem Hochtal liegt, ist er im Laufe der Jahrhunderte immer wieder Ziel von Piratenangriffen gewesen. Etliche Zerstörungen und Brandschatzungen haben das Aussehen Teguises ständig verändert. Heute präsentiert sich der 8.000-Einwohner-Ort als ein reizvolles, schmuckes Städtchen mit malerischen Gassen, schönen Plätzen, etlichen ehrwürdigen und schön restaurierten Baudenkmälern – an vielen Stellen verspürt man noch das Flair der einstigen Adelsmetropole. Wenn man Teguise nicht gerade an einem Sonntagvormittag besucht, kann man die beschauliche Geschäftigkeit der Bewohner erleben und manche kulinarische Köstlichkeit in den Lokalen genießen. Sonntags ist allerdings alles anders. Dann lockt der Markt Tausende nach Teguise. Aber auch dieses bunte Treiben ist einen Besuch wert: Man kann hier allerlei kaufen, wobei manches sogar echt ist. Daneben gibt es folkloristische Darbietungen aller Art.

Convento de San Francisco

Von dem ursprünglichen Franziskanerkloster ist nur noch die zweischiffige Kirche übrig geblieben. Der Konvent wurde Ende des 16. Jahrhunderts errichtet und schon nach wenigen Jahren bei einem schweren Piratenangriff vollständig zerstört. Mit Spenden aus der Bevölkerung wurde er schnell wieder aufgebaut. Im 19. Jahrhundert fiel das Kloster im Zuge der Säkularisierung an die Gemeinde. Die Kirche wurde in den siebziger Jahren umfassend restauriert und wird heute gelegentlich für Kulturveranstaltungen genutzt. Sehenswert sind Holzsäulen und -portal, die Kassettendecke im Mudéjarstil sowie die acht-eckige Decke über der Kapelle.
Plaza de San Francisco, geöffnet Mo - Fr, 10 - 16 Uhr, Sa u. So, 11 - 15 Uhr

❧ Teguise

Ehemals Stätte des mönchischen Lebens:
Der Convento de San Francisco

Iglesia San Miguel

Das zentrale und augenfälligste Bauwerk im Zentrum der Stadt ist der Glockenturm der Pfarrkirche San Miguel. Von der im 15. Jahrhundert im gotischen Stil erbauten Kirche ist nicht mehr viel erhalten geblieben. Diverse Piratenüberfälle, Brandschatzungen und Umbauten haben das Aussehen der Kirche stark verändert. In ihrem Inneren wird die Statue der Jungfrau von Guadalupe aufbewahrt, die auf ganz Lanzarote verehrt wird. Oft wird die Kirche deshalb auch Iglesia de Nuestra Señora da Guadalupe genannt.
Plaza de San Miguel

Palacio de Spinola

Gegenüber der Pfarrkirche steht der zwar nur einstöckige, aber dennoch imposante Stadtpalast. Ende des 18. Jahrhunderts wurde der Palast als Gouverneurssitz errichtet. Nachdem Teguise die

Teguise

Hauptstadtfunktion an Arrecife verlor, erwarb der italienische Kaufmann Vincente Spinola das repräsentative Gebäude. 1974 kaufte der Sprengstoffkonzern „Río Tinto" das Gebäude, renovierte es nach Plänen von César Manrique und überließ es zehn Jahre später der Stadt Teguise. Heute wird der Palast zu Repräsentationszwecken und für kulturelle Veranstaltungen genutzt. Ein Rundgang führt durch mehr als 20 öffentlich zugängliche Räume. Sehenswert ist auch der sehr schöne Innenhof.
Plaza de San Miguel, geöffnet täglich außer Mi, 9 - 15 Uhr

Mercadillo

Der Sonntagsmarkt lockt regelmäßig Tausende von Besuchern nach Teguise. Dabei ist der Markt jüngeren Datums und wurde eigentlich nur für die Touristen gegründet. Dennoch hat er sich schnell etabliert und ist aus dem Stadtgeschehen nicht mehr wegzudenken. Authentisches von der Insel ist

Ein Städtchen strahlt in frischem Glanz:
Die alte Residenz Teguise

🐾 Teguise

hier jedoch kaum zu finden – nur wenige Einheimische bieten Käse, Wein oder Kunsthandwerkliches an. Das bunte Treiben wird beherrscht von fliegenden Händlern. Afrikaner, Zigeuner, Alternative und Freaks bieten eine breite Palette von Billigtextilien, Leder- und Holzarbeiten, Nippes, Schund und selbst gefertigtem Schmuck an. Hier heißt es aufpassen! Ebenholz kann auch schwarz gestrichen sein, und die schönen Tücher sind oft „Made in China". Während auf Lanzarote Feilschen ansonsten verpönt ist, können sie es auf diesem Markt nach Herzenslust tun. Sie sollten es sogar, denn das meiste wird übertreuert angeboten. Der Mercadillo bietet dem Besucher einen bunten Trubel, allein das Zuschauen ist ein Erlebnis, welches durch die gesanglichen und tänzerischen Darbietungen hier, die expressiven Warenanpreisungen dort noch gesteigert wird. Nachdem man dieses multikulturelle Potpourri eine Zeit lang genossen hat, sehnt man sich vielleicht nach etwas Ruhe.
Plaza de San Miguel, So, 9 - 14 Uhr

Palacio Marqués de Herrera y Rojas

Nicht ganz so auffällig wie der Palacio Spinola wirkt dieser Stadtpalast, der von den Dynastien Herrera und Rojas erbaut wurde, die seit der Feudalzeit einen großen Einfluss auf Lanzarote ausgeübt haben. Heute ist in dem restaurierten Gebäude eine Galerie mit regelmäßigen Ausstellungen untergebracht.
Calle J. Béthencourt, geöffnet täglich, 10 - 14 Uhr

Convento de Santo Domingo

Das ehemalige Dominikanerkloster wurde 1698 durch den Capitán Rodriguez Carrasco gegründet, heute beherbergt es unter anderem das Rathaus von Teguise. Die Fassade des Hauptschiffes wurde

Teguise

im Barockstil aus rotem Lavagestein gestaltet, über der rechten Tür erkennt man die Symbole des Dominikaner-Ordens.
Im Konvent findet sich auch ein Museum für Gegenwarts-Kunst; die dafür erforderlichen Restaurierungsarbeiten gerieten allerdings zum Skandal. Unwiederbringliche Fresken und Keramiken wurden zerstört. Während der Arbeiten stieß man auf mehr als 100 Skelette kanarischer Ureinwohner, die unter dem Fußboden lagen.
Calle Santo Domingo

Castillo de Guanapay

Das Kastell liegt etwas außerhalb von Teguise auf dem Vulkan Guanapay und ist über eine Auffahrt zu erreichen, die von der Straße nach Haría am Ortsausgang abzweigt. Die Burg, auch als Castillo de Santa Bárbara bezeichnet, wurde Ende des 16. Jahrhunderts von D. Sancho de Herrara als Beobachtungs- und Schutzanlage gegen die ständigen Piraten- und Freibeuter-Überfälle errichtet.
Im folgenden Jahrhundert wurde die Anlage aus gegebenem Anlass noch verstärkt, die Pläne hierzu zeichnete der Architekt Leonardo Torriani.
Heute bietet die trutzige Festung einen ebenso friedlichen wie herrlichen Blick über die Stadt und die gesamte Ebene im Inselzentrum bis hin zum Famara-Gebirge. Einst konnte man von hier aus die Angreifer frühzeitig erkennen, außerdem ließ sich die Burg sehr gut verteidigen. Diesen Vorteil nutzten bei den diversen Piratenüberfällen allerdings nur die reichen Familien des Ortes. Die ärmeren Bevölkerungsschichten waren den Angriffen schutzlos ausgeliefert, wenn ihnen nicht die Flucht in die Höhlen im Norden gelang.
Erst vor wenigen Jahren wurde das nahezu verfallene Kastell in einer Privatinitiative wieder aufgebaut.

Teguise

Aparter Orientierungspunkt bei Spaziergängen:
Die Iglesia San Miguel

Seit 1991 beherbergt die Burg ein Emigrantenmuseum. Mit etlichen Dokumenten und Gegenständen wird über das Schicksal kanarischer Auswanderer informiert, die angesichts der wirtschaftlichen Not ihr Heil in der Neuen Welt suchten.
Museo del Emigrante Canario,
geöffnet Mo - Fr, 10 - 16 Uhr, Sa u So, 11 - 15 Uhr

Callejón de la Sangre

Von der Iglesia San Miguel zum Parque la Mareta führt eine kleine Straße, die „Blutgasse", deren Name auch heute noch an die verheerenden Piratenüberfälle erinnert, unter denen Teguise bis ins 17. Jahrhundert leiden musste. So hatte in der zweiten Hälfte des 16. Jahrhunderts der berüchtigte Pirat Arraez mit seinen Mannen erst Arrecife und dann die Hauptstadt Teguise überfallen und geplündert. Etliche der damaligen Bewohner wurden umgebracht, andere als Sklaven verkauft.
Caja Canarias

Teguise

Ein Ort für romantische Fantasien:
Der vulkanische Guanapay mit dem alten Kastell

La Cilla de Diezmos

In diesem schmucklosen Bau, dem „Zehnthaus", mussten die Bauern früher ein Zehntel ihrer Ernteerträge als Steuern abliefern. Der ehemalige Speicher ist umfassend restauriert worden und beherbergt heute die Filiale einer Bank.
Plaza de San Miguel

Teatro Municipal

Das Teatro Municipal de Teguise gehört zu den drei ältesten Theatern der Kanarischen Inseln. Erst kürzlich wurde es nach umfangreichen Renovierungsmaßnahmen wieder eröffnet. Es ist in einem Gebäude aus dem 17. Jahrhundert untergebracht, das auf eine wechselvolle Geschichte zurückblicken kann: So wurde es als Klosterkirche, später als Kranken- und dann als Waisenhaus genutzt, bevor im 19. Jahrhundert erstmals eine Laienspielschar in dem Haus auftrat.

Prächtiges Portal:
Eingang zum Convento de San Francisco

Viel Platz für viele Badegäste:
Die paradiesische Playa Blanca

Puerto del Carmen –
internationales Urlaubszentrum

Noch vor 50 Jahren lebten hier nicht einmal 500 Einwohner. Heute ist Puerto del Carmen das größte Urlaubszentrum der Insel. Etwa zwei Drittel aller Besucher, die nach Lanzarote kommen, verbringen hier ihren Urlaub.

Der rasant gewachsene Ort erstreckt sich mittlerweile über eine Länge von sieben Kilometern. Neben der guten Verkehrsanbindung (zum internationalen Flughafen sind es nur etwa fünf Kilometer) sorgen vor allem zwei Umstände für die Beliebtheit von Puerto del Carmen: Erstens liegt der Ort an der windgeschützten Südküste Lanzarotes, und zweitens hat man hier schöne und lange Sandstrände vorzuweisen. Am östlichen Strand, der Playa de los Pocillos,

Puerto del Carmen

geht es etwas ruhiger zu. Die hinter der Küstenstraße liegende Feriensiedlung hat fast den Charakter einer kleinen Gartenstadt. Westlich, entlang der Avenida de las Playas, erstreckt sich die helle, feinsandige Playa Blanca. Hier geht es bedeutend lebhafter zu – nicht zuletzt, weil die Uferstraße alles zu bieten hat, was das touristische Herz begehrt. Und zwar rund um die Uhr: Das Nachtleben in Puerto del Carmen ist dynamisch, wofür unter anderem das Centro Atlantico mit seinen Clubs und Diskotheken sorgt. Ein neuer Schwerpunkt ist seit 2002 das Shopping- und Fun-Zentrum Biosfera – die Auswahl ist groß, Sie werden in Puerta del Carmen keine Probleme haben, das passende Lokal zu finden. Der eigentliche Ortskern liegt, fast schon etwas ins Abseits gedrängt, am westlichen Rand der langen Playa Blanca. In nur wenigen Jahren ist um das alte Fischerdorf die bekannteste und größte Feriensiedlung der Insel entstanden. Dass sie trotz der mittlerweile über 35.000 Urlauberbetten nicht zu einem hässlichen Feriengetto geworden ist, liegt an der Einsicht, dass Betonburgen in schöner Lage allein keine Touristen anlocken. So ist die Bebauung weit gehend der landestypischen Architektur nachempfunden, die Zahl der Stockwerke ist streng begrenzt. Lediglich ein Hotel am Ostende der Playa fällt durch seine klobige Bauweise aus dem Rahmen und zeigt, wie es anderweitig hätte aussehen können. Als Urlaubsort gibt sich Puerto del Carmen ein durchaus internationales Flair. Skandinavier, Engländer, Deutsche, Italiener, Holländer, Amerikaner, Franzosen und noch etliche andere Nationalitäten verbringen hier in trauter Eintracht ihren Urlaub. Diese Vielschichtigkeit findet auch im gastronomischen Angebot ihren Niederschlag: Neben spanischen Bodegas finden sich in Puerto del Carmen auch irische Pubs, Schweizer Spezialitätenrestaurants, englische Clubs oder holländische Kneipen.

Puerto del Carmen

Unbeeindruckt von all dem Trubel: Einheimische in der Altstadt

Altstadt

Der alte Ortskern von Puerto del Carmen verbreitet trotz der massiven Aufrüstung zum Ferienzentrum in Teilen immer noch die Atmosphäre des ehemaligen Fischerdorfes. Am westlichen Rand des Ortes leben viele Einwohner scheinbar unbeeindruckt vom touristischen Trubel um sie herum. Das Leben geht seinen gemächlichen Gang: Wäsche hängt zum Trocknen draußen, Kinder spielen auf den Straßen, die Fenster stehen offen, und die Männer vergnügen sich beim Boule-Spiel.
Der Platz am Fischereihafen wird allabendlich zum Zentrum des dörflichen Vergnügens, wenn dort kunstvoll die Kugeln geworfen werden. Und wenn sie um Punkte wetteifern, vergessen die Spieler schnell die Touristen, die sich als Zaungäste rund um den sandigen Platz drängen. In den Straßencafés genießt man das ruhige, fast malerische Bild des kleinen Hafens: Fischerboote liegen am Strand und Segelschiffe dümpeln im Wasser.

Puerto del Carmen

Mit spektakulären Sehenswürdigkeiten kann Puerto del Carmen nicht aufwarten, dennoch sollten Sie sich den Besuch des erst vor einigen Jahren erbauten Centro Civico El Fondeadero nicht entgehen lassen. Dieses Zentrum liegt etwas oberhalb der Plaza del Varadero und beeindruckt durch seine klar strukturierte Architektur.
Es dient als Bürger- und Kulturzentrum und beherbergt unter anderem eine Restaurantfachschule. Für Besucher sehr interessant ist eine Ausstellung zum Thema Weinbau mit einer angeschlossenen Bodega sowie eine Markthalle, wo Sie frischen Fisch, Obst und Feldfrüchte kaufen können.

Avenidas de las Playas

Die belebte Küstenstraße entlang der Strände ist das Herzstück der lang gestreckten, vor allem in den achtziger Jahren rasant gewachsenen Urlaubsstadt. Seit der Autoverkehr zumindest in weiten Teilen über eine neue Umgehungsstraße geleitet wird, gilt die Avenida de las Playas als schönste Flaniermeile Lanzarotes.
Zur Meerseite ist die Uferpromenade aufwändig und farbenfroh mit Hibiskus, Bougainvillea, Geranien und einigen Palmen bepflanzt. Auf der anderen Seite reihen sich, meist in eingeschossiger Bauweise, Restaurants, Bars, Cafés, Läden und Boutiquen aneinander.
Entlang der Avenida de las Playas und in ihren Nebenstraßen gibt es das größte gastronomische Angebot sowie das umfangreichste Warensortiment für den touristischen Bedarf auf der Insel. Hinter der Avenida erstrecken sich weiträumig Bungalows, Hotel- und Appartementanlagen. Viele von ihnen sind ansprechend angelegt, komfortabel ausgestattet und von Grünanlagen eingefasst.

Beste Blicke aufs endlose Meer:
Playa de los Pocillos in Puerto del Carmen

Geländegängig und gut ventiliert:
Idealer Untersatz für Inseltouren

Unterwegs auf Lanzarote

So schön Ihr Ferienort auch sein mag: Lanzarote hat noch viel mehr zu bieten. Für alle diejenigen, welche Land und Leute bequem mit dem Bus und einer sachkundigen Führung kennen lernen wollen, bieten Hotels und Reiseveranstalter etliche Ausflüge zu den Sehenswürdigkeiten der Insel an. Eine andere Möglichkeit besteht darin, ein Taxi für eine Rundtour zu chartern. Alternativ dazu können Sie Lanzarote aber auch individuell entdecken, indem Sie sich ein Fahrzeug leihen. Da einige Strecken nicht asphaltiert sind, ist ein Geländewagen sicherlich das beste motorisierte Verkehrsmittel. Aber auch mit einem Fahrrad lässt sich die Insel erkunden.

Die wichtigsten Attraktionen auf einen Blick

- sehenswertes Gebäude
- Sehenswürdigkeit
- Golfplatz
- Unterhaltung/Freizeit
- Top-Strand
- Natur/Landschaft
- Aussichtspunkt
- Restaurant
- Sport/Spiel
- Markt/Souvenirs

Die in Klammern angegebenen roten Ziffern entsprechen den Planquadraten der beiliegenden Karte.

Unterwegs auf Lanzarote

Strände aller Art und Farbe:
Auf Lanzarote gibt es manches zu entdecken

Busse

Die größeren Ortschaften auf der Insel sind mit Linienbussen zu erreichen. Die öffentlichen Verkehrsmittel sind zwar preisgünstig, haben aber keinen dichten Zeittakt. Manche Strecken werden nur ein- oder zweimal am Tag befahren. Eine Busfahrt ist nur dann sinnvoll, wenn man von seinem Urlaubsort aus eine Stadt besuchen möchte. Inselrundfahrten mit dem Bus sind nicht zu empfehlen.

Taxis

An den SP-Zeichen an der Stoßstange (servicio publico) sind die Taxen zu erkennen, die auf Lanzarote ein preisgünstiges Vergnügen sind – vor allem, wenn man eine Fahrt mit mehreren Personen unternimmt. Da die Fahrzeuge mitunter keine Taxameter haben, sollte man nach Festpreisen für Standardverbindungen fragen oder den Preis vor Antritt der Fahrt aushandeln.

Unterwegs auf Lanzarote

Mietwagen

Die angenehmste Möglichkeit, Lanzarote zu entdecken, sind Mietwagen, die in jedem Urlaubsort angeboten werden, übrigens deutlich günstiger als vergleichbare Fahrzeuge in Deutschland. Wer über Nebenstraßen (oft Pisten) fahren möchte, sollte einen Geländewagen nehmen. Kreditkarten sind willkommen und sinnvoll, denn bei Barzahlung wird in der Regel eine Kaution verlangt. Vergleichen Sie die Preise und prüfen Sie, vor allem bei einheimischen Anbietern, ob der Wagen versichert ist, und ob es eine Kilometerbegrenzung gibt. Auf der Fahrt sollten Sie Ihren Ausweis oder Pass sowie den Führerschein mitführen. Straßenzustand, Verkehrsregeln und -zeichen entsprechen dem europäischen Standard. Unbedingt einhalten sollten Sie die Geschwindigkeitsbegrenzungen (innerorts: 50 km/h, auf Landstraßen: 90 km/h, auf der Autobahn: 100 km/h). Überschreitungen können teuer werden. Obwohl einige lokale Anbieter mit vermeintlichen

Reisegefährt der XXL-Klasse:
Für Mehrtages-Touren durchaus zu empfehlen

Unterwegs auf Lanzarote

Niedrigpreisen locken, sollten Sie Ihren Mietwagen möglichst schon bei der Reisebuchung in Ihrem Reisebüro reservieren lassen. Bei den internationalen Anbietern sind sie auf alle Fälle vor bösen Überraschungen sicher.

Zweiräder

Einige Autoverleiher bieten auch Mopeds, Motorräder oder Motorroller an, die vor allem für kürzere Trips eine reizvolle Alternative zum Auto sind. Da auf Lanzarote Helmpflicht besteht, sollten Sie sich beim Verleiher auch gleich die passende Kopfbedeckung aussuchen.

Sportliche Urlauber können sich auch ein Mountainbike mieten. Allerdings sollten Sie vor allem bei Touren ins Landesinnere an die beachtlichen Höhenunterschiede denken. Von Offroad-Touren auf eigene Faust ohne entsprechende Kondition, genaues Kartenmaterial und gutes Orientierungsvermögen

Geradewegs hinein in den Zauber der Landschaft: Lanzarote lockt zu Ausflugstouren!

Unterwegs auf Lanzarote

Hier speist man mit Hafenflair: Restaurant in Puerto del Carmen

ist dringend abzuraten. Räder kann man sich in fast allen größeren Touristenorten leihen. Auskünfte über geführte Radtouren gibt es meist an der Hotelrezeption. Die folgenden Touren lassen sich in Teiletappen auch mit dem Fahrrad bewältigen.

Inselerkundung mit dem Mietfahrzeug

Wenn Sie eine oder mehrere der im folgenden vorgeschlagenen Touren mit einem Mietwagen fahren möchten, sollten Sie bedenken, dass Sie durch Straßenverhältnisse und Stopps ungleich länger unterwegs sind als für eine vergleichbar lange Strecke in Deutschland. Planen Sie Ihre Ausflüge entsprechend, indem Sie für eine 100 km-Route einen ganzen Tag kalkulieren. Wenn Sie viele Unterbrechungen und Besichtigungen planen, können Sie die Routen in zwei Etappen aufteilen oder Routenteile individuell kombinieren. Die beiliegende Karte informiert Sie über alle Streckendetails.

Lanzarote von seiner saftigen Seite:
Das zauberhafte Tal der tausend Palmen

Tour 1:

Der Norden

Arrecife ➔ Tahiche/Fundación César Manrique ➔
Teguise ➔ Los Valles ➔ Ermita de las Nieves ➔
Haría ➔ Guinate ➔ Mirador del Rio ➔ Orzola ➔
Jameos del Agua ➔ Cueva de los Verdes ➔
Arrieta ➔ Guatiza/Jardín de Cactus ➔ Arrecife
(ca. 85 - 95 km)

Die Tour durch den Norden Lanzarotes ist nicht nur eine Reise durch die fruchtbareren Gegenden der Insel, sondern gleichzeitig auch eine Entdeckungsfahrt durch das Schaffen des Künstlers und Architekten César Manrique. Diese Route bietet Ihnen so viele spektakuläre Sehenswürdigkeiten, grandiose Landschaften und nette verträumte Orte, dass Sie sie, falls Sie es etwas gemächlicher angehen lassen wollen, auch auf zwei Tage verteilen können.

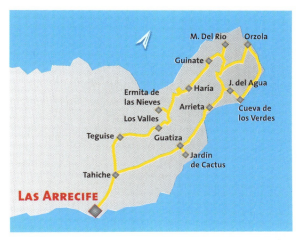

Tour 1: Der Norden

Von Arrecife geht es nach Norden in Richtung Teguise. Die erste Ortschaft auf der Strecke ist Tahiche (G 10), ein ehemaliges Bauerndorf, wohin sich heute viele wohlhabende Bürger aus Arrecife zurückgezogen haben. Die größte Attraktion des kleinen Ortes ist der Taro de Tahiche, der heute die Fundación César Manrique (G 10) beherbergt. Der Künstler hatte sich 1968 nach seiner Rückkehr aus den USA auf einem Lavafeld ein Domizil gebaut, das als beispiellose Synthese von Natur und Architektur gilt. Manrique verließ 1987 das von ihm als Wohnhaus, Atelier und Begegnungsstätte genutzte Gebäude, ließ sich in Haría nieder und baute den Taro de Tahiche zu einem Museum um. 1992 wurde das Gebäude der Öffentlichkeit zugänglich gemacht, kurz darauf starb der Künstler bei einem Autounfall in unmittelbarer Nähe des Taro (siehe auch Seite 29). Ein Rundgang durch das Haus bietet interessante Einblicke in das Leben und Schaffen Manriques und illustriert sein Verständnis von einer naturnahen Architektur.

Lauschiges Teguise:
Stille Gässchen in leuchtendem Weiß

🐾 Tour 1: Der Norden

Das Obergeschoss des insgesamt 1.800 m² großen Gebäudes ist mit seinen weißen Wänden, grünen Fensterläden und Wassersammelflächen auf dem Dach im typischen Inselstil gehalten. Obwohl heute alle ehemaligen Wohn- und Gästezimmer als Ausstellungsräume genutzt werden, lässt sich Manriques Wohnumfeld noch deutlich erkennen. Die ausgestellten Werke sind Arbeiten und Skizzen von Manrique selbst sowie seine private Sammlung mit Werken von Künstlern wie Picasso, Miró oder Tàpies. Über eine Treppe ist das Untergeschoss zu erreichen. Hier befinden sich fünf Hohlräume im Lavagestein, die Manrique in die Architektur integrierte und zu Wohnräumen umbaute. Die Decken der mit Gängen verbundenen Lavablasen sind größtenteils naturbelassen, mehrere Öffnungen in ihnen lassen Licht in den unterirdischen Wohnbereich. Ein bepflanzter Innenhof mit einem Swimming-Pool ist ein weiterer Höhepunkt des ungewöhnlichen Hauses, in dem die Stiftung neben der Dauerausstellung auch wechselnde Ausstellungen zeigt (geöffnet täglich, 10 - 19 Uhr).

Die nächste Station auf dieser Tour ist das etwa sechs Kilometer entfernte Teguise 🌴 🐾 🥘 (F 9), bis Mitte des 19. Jahrhunderts die Hauptstadt von Lanzarote. Es gibt mehrere Gründe, dieser ältesten Stadt der Kanarischen Inseln einen ganzen Tag und einen separaten Ausflug zu widmen. Zum Beispiel sonntags, wenn in Teguise der urige, fast schon exotische Markt Einheimische und Touristen in Strömen lockt. Wochentags ist Teguise dann wie verwandelt. Man kann in Ruhe die malerischen Gassen der ehemaligen Hauptstadt erkunden, schöne Baudenkmäler der vergangenen Jahrhunderte bestaunen oder seinen Gaumen in kleinen Bars und Restaurants verwöhnen lassen (siehe auch Seite 77ff).

Von Teguise führt die Strecke durch ein landschaftlich reizvolles Gebiet nach Los Valles 🌿 🐾 (E 10).

Tour 1: Der Norden

Los Valles:
Triumph des Bauern über die Trockenheit

Seinen Namen, „die Täler", hat der Ort durch seine Bebauung, die von einer Ebene in mehrere Täler hineinreicht. Entstanden ist Los Valles eher durch einen Zufall. Auf der Flucht vor den Asche- und Lavaeruptionen eines Vulkanausbruchs flüchteten Bewohner des ehemaligen Santa Catalina in die unbewohnten Täler. Da sie nicht mehr in ihren zerstörten Heimatort zurückkehren konnten, begannen sie, mithilfe des Trockenfeldbaus die Täler zu kultivieren. Es gelang ihnen, die Landschaft ertragreich zu gestalten, und noch heute sind die terrassenförmigen Felder zu sehen.

Kurz hinter der Ortsausfahrt von Los Valles passiert man den Parque Eólico, einen modernen Windpark, der mit seinen Windgeneratoren die Meerwasser-Entsalzungsanlagen mit Strom versorgt. Von der Straße nach Haría zweigt nach etwa zwei Kilometern links ein kleiner Weg zur Ermita de las Nieves 🍁 🌳 🐾 (E 10) ab. Der kleine Abstecher lohnt sich, selbst wenn das Innere der abgelegenen Kapelle

🐾 Tour 1: Der Norden

nicht besichtigt werden kann. Die Ermita liegt an einem über 600 Meter hohen Berg inmitten einer unwirtlichen Steinwüste. Die Kapelle ist der Heiligen Señora de las Nieves, der „Madonna des Schnees" gewidmet. Der fällt auf Lanzarote aber nicht, und so dankten die Gläubigen auf Wallfahrten der Heiligen für den Regen auf der Insel. Von dem Aussichtspunkt in der Nähe der Kapelle genießt man einen herrlichen Panoramablick, der von der Insel La Graciosa im Norden bis nach Arrecife im Süden reicht. Wieder zurück auf der Hauptstrecke führt Sie die Straße in das breite, fruchtbare Hochtal von Haría 🏛 🌿 🐾 👤 (D 10). „Tal der tausend Palmen" nennen die Einheimischen dieses Gebiet, Schätzungen gehen sogar davon aus, dass es sich um mehr als 3.000 Bäume handelt. Noch bevor man den Ort erreicht, hat man von der Serpentinenstraße einen herrlichen Ausblick auf das Tal, das wie eine Palmenoase in der Wüste anmutet. Haría selbst war über Jahrhunderte die zweitgrößte Stadt Lanzarotes und vor allem bei wohlhabenden Bürgern als Wohn-

Palmenpracht bei Haria:
Sattes Grün in strahlender Sonne

Schlichte Schönheit in Weiß:
Kapelle in Haria

Tour 1: Der Norden

sitz oder wegen seines milden Klimas als Kurort ausgesprochen beliebt. Etliche stattliche Bürgerhäuser im andalusischen Baustil mit kunstvoll geschnitzten Balkonen erinnern heute noch an die einstige Bedeutung Harías. Im Ort geht alles sehr beschaulich zu, Touristen verirren sich nur selten hierhin. Am besten genießt man die Ruhe ganz ohne Hektik in einem Straßencafé auf der zentralen Plaza León y Castillo unter Eukalyptus- und Lorbeerbäumen. Lediglich einmal in der Woche erwacht dieser Platz zu buntem Leben, wenn samstags hier ein Flohmarkt stattfindet, auf dem fliegende Händler von der gesamten Insel und aus Afrika mehr oder weniger originelle Souvenirs anbieten.

Eine gute Adresse für Souvenirs, die man auch während der Woche kaufen kann, findet sich, wenn man von der benachbarten Plaza de la Constitución in die Calle Barranco de Fenesía geht. Hier gelangt man zur Tienda y Talleres Artesanía Municipal (ausgeschildert). Dieser Kunsthandwerksladen nebst Werkstatt wird von einheimischen Kunsthandwer-

Ziergeschirr in blumiger Pracht: Stilvolle Souvenirs

Tour 1: Der Norden

kern unterhalten, die hier sehr schöne Holzschnitzereien sowie Keramik-, Stickerei- und Flechtarbeiten herstellen und verkaufen. Auch Einblicke in die Werkstätten sind möglich (geöffnet Mo - Sa, 10 - 13.30 Uhr und 16 - 19 Uhr, So, 16 - 19 Uhr). Ebenfalls einen Besuch wert ist das Miniaturenmuseum Almogaren de Max, eines von zwei Einrichtungen dieser Art in ganz Europa. Was alles auf millimetergroßen Flächen dargestellt werden kann, ist verblüffend und sehenswert (siehe auch Seite 165).

Von Haría aus Richtung Norden gelangen wir zu zwei schönen Aussichtspunkten. Etwa fünf Kilometer hinter Haría zweigt links eine kleine Straße zum 50-Seelen-Weiler Guinate (C 10) ab. Die Straße endet am Mirador de Guinate, einer Aussichtsplattform, von der man fast senkrecht zum Meer hinunterblicken kann. Neben dem Blick auf die Steilküste des Risco de Famara lohnt in Guinate noch ein Besuch im Tropical Park, wo mehr als 1.000 verschiedene Vögel leben. Vor allem die von Papageien vorgeführten Kunststücke sind auch für Kinder eine willkommene, kurzweilige Abwechslung (siehe auch Seite 164).

Der zweite spektakuläre Aussichtspunkt ist nur etwa fünf Kilometer entfernt. Vom Mirador del Río (B 11) schweift der Blick über die Meerenge El Río, die vorgelagerten Inseln La Graciosa, Montaña Clara und Isla de Alegranza kilometerweit über das Meer. Schon in früheren Jahrhunderten nutzten die Lanzaroteños diesen Beobachtungspunkt, um nach Piraten Ausschau zu halten. Anfang des 20. Jahrhunderts wurde hier die Geschützstellung „Batería del Norte" eingerichtet, die über die Manöver feindlicher Schiffe wachte. Nach dem Zweiten Weltkrieg verlor der Beobachtungsposten seine militärische Bedeutung und wurde Anfang der siebziger Jahre in eine Touristenattraktion umgebaut. Selbstverständ-

🐾 Tour 1: Der Norden

Alle Vögel sind schon da:
Und Sie müssen sich links halten

lich war es auch hier wieder César Manrique, der mit der Gestaltung des Miradors eines seiner gelungensten Werke abgeliefert hat. Der gesamte Komplex weist keine einzige Ecke auf, sämtliche Wände und Decken der Räume und Gänge haben runde und geschwungene, fließende Formen. Von außen ist der Komplex kaum zu erkennen, lediglich eine halbrunde Mauer und ein Eingang sind zu sehen, der Rest des ungewöhnlichen Gebäudes ist in den Lavafels eingelassen. Im Inneren der Anlage sind Keramikarbeiten zu sehen, mehrere Skulpturen von Manrique sind in die Architektur integriert worden. Neben der Cafeteria befindet sich ein Aussichtsraum, durch dessen Fenster man einen herrlichen Blick genießen kann. Unterhalb des Miradors erkennt man die ehemaligen, rosarot schimmernden Salinen, wo heute allerdings kein Salz mehr gewonnen wird. Von einer noch etwas höher gelegenen Aussichtskuppel sieht man im Süden den Krater des Vulkans La Corona, dessen Ausbruch die Lavamassen emporschleuderte, welche die Cueva de los

Tour 1: Der Norden

Überwältigender Blick vom Mirador del Rio: Salinas del Rio und La Graciosa

Verdes und die Jameos del Augua schufen (siehe auch nachfolgende Seiten).
Vom Mirador del Río geht es nicht weiter nordwärts, die Straße führt wieder zurück durch das Inland an die Nordostküste. Auf der Strecke bietet sich ein Abstecher an, nach etwa fünf Kilometern erreicht man einen Abzweig, der links nach Orzola (B 11) führt. Der Küstenort ist ein recht nettes Fischerdorf ohne besondere Sehenswürdigkeiten. Von hier legen die Fähren nach La Graciosa ab, und die Fischerboote bringen hier ihren Fang an Land. Lohnenswert ist es, in eines der Lokale entlang der Hafenpromenade einzukehren, um sich dort an einem wohlschmeckenden Fischgericht zu erfreuen. Von Orzola aus kann man die Küstenstraße weiter in Richtung Süden fahren, und erreicht dann zuerst die Jameos del Agua. Ohne den Abstecher nach Orzola führt die Straße vom Mirador del Río zuerst zur Cueva de los Verdes (C 11), von vielen als die herausragende Sehenswürdigkeit der Insel bezeichnet.

Tour 1: Der Norden

Bei der „Grünen Höhle" handelt es sich vermutlich um den längsten Lavatunnel der Welt. Etwa sechs Kilometer lang ist das Höhlensystem, das durch Lavaströme entstanden ist, die vor einigen tausend Jahren durch einen Ausbruch des Monte Corona zum Meer flossen. Während sich die Lavamasse an der Oberfläche durch Erkalten schon verfestigte, sind unterhalb dieser Decke weitere Lavaströme geflossen, die ein verzweigtes System aus Röhren und Hohlräumen in mehreren Etagen hinterlassen haben. Schon die kanarischen Ureinwohner sollen diese Höhlen gekannt und als Versteck genutzt haben. Wie sich anhand von Schmuck- und Knochenfunden rekonstruieren ließ, suchten die Inselbewohner auch im 15. und 16. Jahrhundert in den Höhlen Zuflucht vor Piratenangriffen.

Die Höhlen hat man weit gehend naturbelassen, lediglich eine künstliche, indirekte Beleuchtung wurde installiert. César Manrique hat zwar den Anstoß zur Erschließung des Höhlensystems gegeben, aber selbst nicht gestalterisch eingegriffen.

Nicht Wäsche-, sondern Fischleine: Althergebrachte Konservierungsmethoden in Orzola

Ein lausiges Geschäft:
Cochenille-Kakteenfeld auf Lanzarote

Zum Küssen schön: Läuse

Na? Wie wär's mit ein paar leckeren Läusen zum Nachtisch? Lieber nicht? Ach was: Sie haben doch schon etliche der niedlichen Cochenille-Tiere zu sich genommen, zumindest teilweise. Wie das?
Nun: Die Weibchen der kleinen Krabbler, übrigens im Gegensatz zu ihren Lebensgefährten nicht flugtauglich, haben zehngliedrige Fühler, zwei Schwanzborsten – und jede Menge knallroten Farbstoff in sich. Heimisch sind sie in Mexico, und dort hat man auch vor langer Zeit begonnen, sie auf Feigenkakteen zu züchten. Dann brachten findige Unternehmer die Tiere nach Lanzarote, um von hier aus den europäischen Markt mit knalligem Rot zu versorgen. Dieses Gewerbe war äußerst lukrativ, zumindest bis zur Erfindung der künstlichen Anilinfarben. Seither wird die Cochenille nur dort verwendet, wo es auf Ungiftigkeit ankommt. Noch heute können Sie auf Ihren Insel-Exkursionen sehen, wie der Coccus cacti gezüchtet wird: Erkennungsmerkmal ist, dass die Kakteen mit einem weißlichen Flaum bedeckt sind – Wachsausscheidungen der Weibchen. Letztere werden dann getrocknet, und schließlich macht man mittels Wasser oder Alkohol Auszüge:
So entsteht der Farbstoff Cochenille, auch Karminsäure genannt. Oder wenn Sie es bürokratisch mögen: E120. Und dieser wiederum wandert überall hin: in Ihren Longdrink, in Süßigkeiten, in Wurst und Marmelade. Was sagt man da? Iiiihhhh?
Nein: Das Rot der Schildlaus ist allemal harmloser als manche chemisch hergestellten Additive. Und zudem sind Ihnen die kleinen Cochenilles doch gerade in den allerschönsten Momenten Ihres Lebens ganz nah. Wenn Sie etwa den leuchtend roten Lippenstift-Mund Ihrer Süßen küssen, ist nichts mehr zwischen Ihnen beiden, gar nichts mehr.
Außer vielleicht... genau!

Tour 1: Der Norden

Dies hat er um so mehr bei den Jameos del Agua (D 12), der meistbesuchten Sehenswürdigkeit Lanzarotes, getan. Die Jameos gehören zu demselben Lavastrom-System wie die Cueva del Verde. Hier, etwa zwei Kilometer weiter östlich unmittelbar an der Küste, sind jedoch die Decken der Höhlen teilweise eingebrochen, sodass nach oben offene Tunnelteile entstanden.

Unter der Leitung von Manrique ist in den sechziger Jahren eine faszinierende Erlebniswelt gestaltet worden, bei der die Architektur und die Einrichtung auf harmonische Weise mit den natürlichen Gegebenheiten zusammenspielen. Die eigentliche Höhle ist etwa 20 Meter hoch und bis auf ein kleines Loch vollständig überdacht. Wenn die Sonne senkrecht über diesem Loch steht, entwickeln die Strahlen ein eindrucksvolles Lichterspiel auf dem natürlichen See, der sich in der Höhle gebildet hat. In dem Salzwasser, das vom nahen Meer durch das poröse Gestein durchgedrungen ist, lebt eine Krebsart, die ansonsten nur in extremer Meerestiefe zu finden ist.

Willkommen im delikaten Fischer-Dorf: Arrieta lockt mit Leckereien

Tour 1: Der Norden

Diese winzigen Krebse hat Manrique als Motiv für eine Skulptur verwandt. Die benachbarte Höhle ist nach oben offen und von Manrique zu einer Pool-Landschaft mit üppigen Pflanzen, Sitzgelegenheiten und einer Bar ausgestaltet worden. Ein anderer Gesteinskessel birgt ein Restaurant, und in einer tieferliegenden Höhle hat Manrique ein Auditorium eingerichtet. Dieser Raum fasst 600 Besucher und wird für kulturelle Veranstaltungen genutzt. So finden hier regelmäßig Konzerte, Tanz- oder Theaterveranstaltungen statt. Nachdem der britische Avantgarde-Musiker Brian Eno sich von der Atmosphäre und der Akustik der Höhle begeistern ließ, rief er mit dem auf der Insel lebenden Künstler Ildefonso Aguilar das „Festival Visueller Musik" ins Leben. Enos Musik kommt auch während der Höhlenbesichtigungen vom Band – abends kann man sich eine von Aguilar gestaltete Audiovisions-Show zur Entstehung Lanzarotes ansehen (geöffnet täglich, 11 - 19 Uhr, Di und Sa auch 19 - 3 Uhr).

Von den Jameos del Agua geht es entlang der Küste zu dem schönen kleinen Fischerdorf Arrieta (D 11). Wer Appetit verspürt, sollte sich hier in einem der guten Restaurants den schmackhaften, fangfrischen Fisch servieren lassen.

Ein weiterer Grund für einen Stopp in Arrieta ist das sicherlich ungewöhnlichste Haus auf der Insel. Das rot-blaue Gebäude mit seinem weißen Dach und den hohen Schornsteinen ist keinem bekannten Baustil zuzuordnen und hat eine ungewöhnliche Geschichte. Ein Lanzaroteño, der in Argentinien zu Wohlstand gekommen war, ließ dieses Haus 1915 für seine Tochter errichten, die an Tuberkulose erkrankt war. Doch auch das von den Ärzten verordnete gesunde Seeklima konnte seiner Tochter nicht mehr helfen, sie starb kurze Zeit später. Nachdem das Haus mehrfach seine Besitzer gewechselt hatte, stand es zuletzt jahrelang leer und verfiel.

Tour 1: Der Norden

Formen der Natur, Formen der Kultur: Lanzarote ist ein Genuss für die Sinne

Die „blaue Ruine", wie die Fischer das Gebäude zuletzt nannten, ist jedoch vor kurzem von seinem jetzigen Besitzer komplett restauriert worden und beherbergt heute das Museo de Africa. Etliche Objekte, die ein kanarisches Forscherteam von einer Expedition aus Afrika mitbrachte, sind dort ausgestellt: Das bunte Sammelsurium von Keramiken, Werkzeugen, Schmuck, Masken, Figuren und Pflanzen kann täglich von 10.30 - 18 Uhr besichtigt werden. Dabei erklingt Musik aus Mali und dem Senegal. Eine kleine Bibliothek, audiovisuelle Vorführungen und ein Shop mit afrikanischem Kunsthandwerk runden das Museumsangebot ab.
Am südlichen Ortsausgang von Arrieta ist eine große Plastik von César Manrique zu sehen, ein Windspiel, das er als eines seiner letzten Werke kurz vor seinem Tod entworfen hat.
Ebenfalls auf den Spuren Manriques wandelt der Besucher in Guatiza 🌿 🐾 (E 11), der nächsten Station auf dieser Tour. Der Jardín de Cactus ist nach den Plänen des Multitalents in einem ehemaligen

🐾 Tour 1: Der Norden

Steinbruch angelegt worden, der zuletzt als Müllkippe diente. Heute sind in diesem Kakteengarten etwa 10.000 Pflanzen von mehr als 1.400 verschiedenen Arten zu sehen. Trotz dieser großen Zahl erscheint die Bepflanzung des kesselartigen Gartens zunächst etwas kärglich. Man merkt jedoch schnell, dass dahinter System steckt. Jede einzelne Pflanze entfaltet so auf dem schwarzen und grauen Boden eine ganz individuelle, kraftvolle Wirkung. Manrique hat sich bei der Gestaltung der Anlage von japanischen Gärten inspirieren lassen – und auch die Wahl des Standortes ist kein Zufall. Rund um Guatiza gibt es große Opuntienfelder; und auf diesen Kaktusgewächsen wird die Cochenille-Laus gezüchtet, aus der man einen roten Farbstoff gewinnt, der bis zur Entdeckung synthetischer Farben ein wichtiger Exportartikel war (siehe auch Seite 110f). Abschließend kann man im Jardín de Cactus noch den Souvenirladen und das Café besuchen oder sich in der schön restaurierten Mühle etwas geröstetes Korn für den Gofio daheim mahlen lassen.

Stachelige Vielfalt:
Kakteen in verschiedenster Gestalt

Allmählich dämmert's einem, wie schön es ist:
Lanzarote zwischen Tag und Traum

Tour 2:
Die Inselmitte und der Nordwesten

Arrecife → Tahiche/Fundación César Manrique →
Teguise → La Caleta → Playa de Famara →
La Santa → Tinajo → Mancha Blanca → Tiagua →
Monumento al Campensino → San Bartolomé →
Arrecife
(ca. 85 km)

Die Kunst und Architektur von César Manrique stehen auch am Beginn dieser Tour, die uns dann aber weiter zu einem der schönsten Orte der Kanarischen Inseln führt. Die Traumstrände an der Nordküste, eine ausgedehnte Wüstenlandschaft und das Eldorado der Eisernen Männer sind weitere Höhepunkte dieser Fahrt, an deren Ende eine wundertätige Madonna und ein 20 m hoher Bauer aus Stahl stehen.

Tour 2: Inselmitte & Nordwesten 🐾

Das Meer zeigt seine Kraft: Gischtvoller Wellenschlag

Von Arrecife geht es nach Norden in Richtung Teguise. Dieser Teil der Route ist identisch mit dem Beginn der Tour 1 durch den Norden Lanzarotes. Die erste Ortschaft auf der Strecke ist Tahiche 🏛 🐾 (G 10), ein ehemaliges Bauerndorf, dessen größte Attraktion der Taro de Tahiche ist, einst Wohnsitz und Arbeitsstätte von César Manrique und heute, unter der Verwaltung einer Stiftung, eine Art Museum. Die Architektur des Hauses und etliche Ausstellungsstücke geben einen plastischen Einblick in das Leben und Schaffen des Multigenies (weitere Informationen zum Taro de Tahiche finden Sie auf Seite 100f).

Von Tahiche aus gelangt man nach etwa sechs Kilometern in die ehemalige Hauptstadt Lanzarotes. Teguise 🏛 🐾 🧺 (F 9) zählt zu den schönsten Orten auf den Kanarischen Inseln und ist unbedingt einen Besuch wert. Wenn Sie an einem Sonntag unterwegs sind, sollten Sie sich nicht den bunten Markt entgehen lassen. Werktags werden Sie mehr Zeit und Ruhe finden, durch die malerischen Gassen zu

Tour 2: Inselmitte & Nordwesten

bummeln, ehrwürdige Kulturdenkmäler zu entdecken oder in einem der vielen Lokale traditionelle oder moderne kanarische Küche zu genießen (mehr Informationen ab Seite 77).

Der komfortablere Weg von Teguise an die Nordküste führt zunächst westwärts über die Straße nach Mozaga. Etwa drei Kilometer hinter Teguise zweigt rechts eine Straße ab, die über die ausgedehnte Sandebene El Jable nach La Caleta führt. Der helle Sand von El Jable soll in Vorzeiten von der Famarabucht hochgeweht sein. Die ehemaligen Wanderdünen haben sich allerdings im Laufe der Jahrtausende verfestigt. Die große, helle Ebene, die sich im Westen bis nach Sóo und Tiagua zieht, wirkt für Lanzarote und seine überwiegend dunklen Böden recht ungewöhnlich. Stellenweise findet man in der nahezu unbewohnten Sandwüste eine bescheidene Landwirtschaft und kultivierte Anpflanzungen.

La Caleta 🐾 ᴀ (D 9) liegt an der Bahía de Penedo, einer ungeschützten Bucht am westlichen Rand der Playa de Famara. Hier scheint die Zeit stehen ge-

Schlichte dörfliche Frömmigkeit: Kapelle in Sóo

Tour 2: Inselmitte & Nordwesten

blieben zu sein – und wen es hierher verschlägt, der wird herbe Natur und raue Winde kennen lernen. Die Bevölkerung des kleinen Ortes lebt überwiegend vom Fischfang, und man sollte es nicht versäumen, in einem der Lokale die frischen Spezialitäten aus dem Meer zu kosten. Die Fischerboote und die schmucken Häuser am Hafen sorgen für schöne Fotomotive.

Etwa einen Kilometer östlich von La Caleta steht die älteste Bungalowanlage auf Lanzarote. Sie wurde Anfang der siebziger Jahre gebaut und liegt unmittelbar an der Playa de Famara 🍁 🐾 (D 9). Dieser kilometerlange Strandabschnitt zählt zu den schönsten auf Lanzarote. Allerdings wird das Strandvergnügen ein wenig durch die kräftigen Winde gestört, und auch das Baden ist an den nördlichen Küstenabschnitten der Insel nicht ungefährlich. Strandspaziergänger kommen jedoch auf ihre Kosten, und das steil zum Meer abfallende Bergmassiv des Risco de Famara stellt eine Kulisse von außerordentlicher Schönheit.

Bewahrte das Dorf vor der tödlichen Lava:
Nuestra Señora in Mancha Blanca

Tour 2: Inselmitte & Nordwesten

Ganz nah am Kunstwerk:
Entspannung in Sóo

Am nördlichen Ausläufer des El Jable geht es von La Caleta nach Sóo, einem kleinen Bauernort, der tagsüber wie ausgestorben wirkt. Auch hier hat sich der Niedergang der sowieso schon kargen Landwirtschaft bemerkbar gemacht, immer mehr Bewohner haben den Ort verlassen. In Sóo zweigt rechts eine kleine Straße ab, die über El Cuchillo führt und nach etwa acht Kilometern auf die Straße von Tinajo nach La Santa (E 7) mündet. Hier lohnt sich durchaus ein Abstecher zur Küste. In dem kleinen Fischerdorf La Santa würde es wahrscheinlich immer noch verschlafen zugehen, wenn nicht in unmittelbarer Nachbarschaft das Ferienzentrum La Santa Sport (D 7) entstanden wäre. Die großräumige Anlage wurde bereits in den siebziger Jahren als Urlaubsdorf gebaut, stand dann aber jahrelang fast leer. Erst als man ein neues Konzept für die Anlage fand und Aktivurlauber ansprach, wurde das Projekt aus den roten Zahlen gefahren. Über 60 Sportarten kann man in La Santa Sport betreiben, für viele Disziplinen sind sogar wettbewerbsgerechte Trai-

Nirgendwo sonst sind Sie der Erde näher:
Vulkanlandschaft bei Mancha Blanca

Tour 2: Inselmitte & Nordwesten

ningsmöglichkeiten vorhanden. So tummeln sich, vor allem in den Wintermonaten, neben sportlichen Familien auch Leistungssportler in der Anlage. La Santa Sport verschmilzt mit der ihm vorgelagerten La Isleta zu einem sportlichen Riesenkomplex. Mittlerweile ist das Inselchen durch zwei Dämme mit dem Festland verbunden - die Gesamt-Anlage ist jedes Frühjahr Austragungsort eines wichtigen Iron-Man-Wettbewerbs.

Vom Abstecher an die Küste geht es über dieselbe Strecke wieder zurück nach Tinajo (F 7). In dem 2.000-Einwohner-Städtchen fällt vor allem die großzügige Plaza ins Auge, die als Gartenanlage gestaltet wurde. Inmitten von blühenden Büschen und verschiedenen Sträuchern kann man im Schatten einiger seltenen Drachenbäume entspannen. Auf der ganzen Insel ist Tinajo aber vor allem wegen seiner Ringermannschaft bekannt, die bei den „Lucha Canaria"-Meisterschaften auf Lanzarote immer auf den vordersten Plätzen mitspielt. Eigens für die Ringkämpfe ist das Stadion gebaut worden, das an der Straße nach Mancha Blanca nicht zu übersehen ist.

Das kleine Dorf Mancha Blanca (F 7) ist vor allem für die Kapelle der Nuestra Señora de los Dolores bekannt, die auf einem Hügel am Ortsausgang Richtung Tiagua steht. Die „Jungfrau der Schmerzen" soll gleich zweimal für ein Wunder gesorgt haben. 1736 wurde Mancha Blanca von einem Lavastrom bedroht. Die Gläubigen eilten in die Nachbargemeinde Tinajo, in deren Kirche die Jungfrauenstatue stand. Mit der Figur zogen sie in einer Prozession dem glühenden Lavastrom entgegen und versprachen, der Madonna eine Kapelle zu errichten, wenn ihr Dorf von der Katastrophe verschont bliebe. Tatsächlich erkaltete der Lavastrom, bevor er die ersten Häuser erreichte. Fortan wurde die Statue „Nuestra Señora de los Volcanes"

Tour 2: Inselmitte & Nordwesten

genannt, nur vergaß man, ihr eine Kapelle zu errichten. Erst 50 Jahre später erfüllten die Gläubigen ihr Versprechen, nachdem die „Liebe Frau der Vulkane" mit der Vernichtung des Dorfes gedroht hatte. 1824 erschütterten wieder Vulkanausbrüche die Gegend um Mancha Blanca. Wieder wurde die Madonna um Hilfe angefleht – und wieder erkaltete der Lavastrom, bevor er das Dorf erreichte. Jedes Jahr findet am 15. September zu Ehren der Heiligen ein großes Pilgerfest statt, das zu den wichtigsten religiösen Feiern Lanzarotes zählt.
Die Kapelle ist bis auf wenige Details äußerst schlicht gehalten. Auffallend dagegen der prächtige Barockaltar und die blumengeschmückte Madonnenstatue. Neben der Kapelle ist ein Kreuz mit dem Datum 1736 zu sehen; es steht an der Stelle, an der der Lavastrom stoppte.
Nach etwa fünf Kilometern erreicht die Straße das kleine Bauerndorf Tiagua (F 8). Zwei noch intakte Windmühlen zeugen von der landwirtschaftlichen Vergangenheit des Ortes. Heute spielt der Getreideanbau keine nennenswerte Rolle mehr. Einen Besuch wert ist jedoch das Museo Agricola El Pátio (am Ortsausgang an der Straße nach La Caleta). Der ehemalige Bauernhof wurde in den vergangenen Jahren in einer Privatinitiative mit viel Idealismus restauriert und zu einem Freilicht-Museum umgestaltet. Besonders schön sind die alten, wieder hergerichteten Mühlen: Eine große Windmühle, eine kleinere Mühle, in der sich gofio mahlen lässt, und eine „tahona", eine Zugmühle, die mittels Tierkraft betrieben wurde. Auch heute noch wird sie von einem Dromedar gezogen. Im Bauernhof selbst ist ein Museum eingerichtet worden, das anhand vieler Exponate die Entwicklung und Bedeutung der Landwirtschaft erläutert, aber auch viele Informationen über Kunsthandwerk, bäuerliche Lebensweise und traditionelle Architektur gibt. Ebenso gibt es eine

Tour 2: Inselmitte & Nordwesten

Bauer mit Nutztieren:
Manriques Monumento al Campesino

Bodega, die im typischen Stil der Jahrhundertwende eingerichtet ist (geöffnet Mo - Fr, 10 - 17.30 Uhr, Sa, 10 - 14.30 Uhr).

Auf der Straße nach San Bartolomé wird in der Nähe der kleinen Ortschaft Mozaga schon von weitem ein Monument sichtbar, das in der Vergangenheit die Gemüter der Lanzaroteños erregt hat. Die etwa 20 Meter hohe Skulptur besteht aus zusammengeschweißten alten Wasserfässern, Tanks und Schiffsteilen, sie soll einen Bauern mit Dromedar und Esel darstellen. Etliche Bauern konnten der abstrakten Figur anfangs nichts abgewinnen und keine Ähnlichkeit erkennen. Mittlerweile hat sich die Skulptur fast als eine Art Wahrzeichen für die Gegend durchgesetzt. Konzipiert wurde das Monument von César Manrique, der ebenfalls von Lanzarote stammende Künstler Jésus Soto hatte die Ausführung übernommen.

Manrique wollte mit der Skulptur den Bauern ein Denkmal setzen, die trotz aller Widrigkeiten das karge Land bestellen, und so nannte er sie „Monumen-

Tour 2: Inselmitte & Nordwesten

to Fecundidad al Campesino Lanzaroteño", „Monument der Fruchtbarkeit für den lanzaroteñischen Bauern". Als Standort wählte er den errechneten geografischen Mittelpunkt der Insel.
Die Figur ist in leuchtendem Weiß gestrichen und wird nachts angestrahlt. Neben dem Monumento al Campesino 🌿 🍽 🐾 (G 8), wie es kurz genannt wird, hat Manrique ein ehemaliges Bauernhaus restaurieren lassen und zu einem Museum und Restaurant ausgebaut. Mehrere Räume sind als Werkstätten eingerichtet, daneben gibt es etliche Geräte aus Landwirtschaft und Haushalt zu sehen (geöffnet täglich, 10 - 18 Uhr).
Unspektakulär ist der letzte Ort auf dieser Tour. Von der Landwirtschaft, die einst die Gegend von San Bartolomé (G 8) prägte, ist nur noch der Anbau der Süßkartoffel „bonito" geblieben. Allerdings reicht auch hier die Ernte gerade mal für den Eigenbedarf. Die meisten der knapp 5.000 Einwohner des Ortes arbeiten heute in Arrecife oder in den Touristen-Orten.

Man weiß sich durchaus zu helfen:
Findiger Weinanbau in der Nähe von San Bartolomé

Ein Strandvergnügen der ganz besonderen Art:
Die Bucht von El Golfo

Tour 3:
Der Süden

Puerto del Carmen → Puerto Calero - Playa Quemada → Femés → Playa Blanca → Playa del Papagayo → Salinas de Janubio → El Golfo → Yaiza → Parque Nacional de Timanfaya → Uga → Puerto del Carmen

(ca. 145 km)

Die Tour durch den Inselsüden führt Sie zu herrlichen Stränden und schönen Orten. Sie fahren durch ein von erkalteten Lavaströmen durchzogenes Tal und sehen die einzige noch arbeitende Saline Lanzarotes. Bei Los Hervideros „kocht" das Meer, dann lockt die giftgrüne Lagune El Golfo zum Spaziergang. Höhepunkt des Ausflugs ist die Besichtigung der „Feuerberge". Schließlich geht es durch das bekannteste Weintal der Insel – natürlich mit der Möglichkeit, die guten Tropfen zu verkosten.

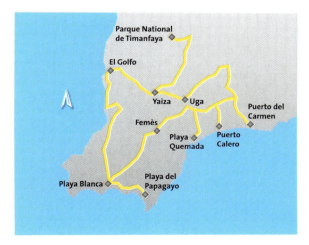

Tour 3: Der Süden

Malerisches Yaiza:
Iglesia de Nuestra Senora de los Remedios

Von Puerto del Carmen geht es zunächst in nordwestlicher Richtung nach Macher, wo wir links auf die Hauptroute nach Yaiza biegen. Der erste Abstecher von der Route lohnt nur, wenn man sich elegante Schiffe in dem modernen Jachthafen Puerto Calero (J 6) ansehen möchte. Nach etwa zwei Kilometern führt links eine Stichstraße wieder zur Küste zurück, wo vor nicht langer Zeit diese sehr schöne Hafenanlage zur Entlastung des kleinen Hafens von Puerto del Carmen angelegt wurde. Wieder zurück auf der Straße nach Yaiza, bietet sich nach gut drei Kilometern ein weiterer Abstecher an. Auch hier geht es wieder links ab, dann über eine Stichstraße nach Playa Quemada (J 6). Das kleine Fischerdorf, das wir nach etwa vier Kilometern erreichen, ist von seinen ehemaligen Bewohnern fast vollständig aufgegeben worden. Einige Individualisten machen heute hier Urlaub – manch schicke Villa zwischen den alten Fischerhäuschen verrät aber, dass sich auch wohlhabendere Bürger zu einem Urlaub an diesen lauschigen Ort zurückziehen.

Tour 3: Der Süden

Bevor die Hauptroute Uga bzw. Yaiza erreicht, zweigt links eine Straße in Richtung Femés ab. Durch ein Hochtal, dessen fruchtbarer Lehmboden einst Grundlage einer blühenden Landwirtschaft war, geht es zu dem 250-Seelen-Dorf, eine der am höchsten gelegenen Ortschaften Lanzarotes. Femés (J 5) gilt gleichzeitig als eine der ersten Siedlungen der Insel, die durch ihre Hochlage Schutz vor Piratenangriffen bieten sollte. Nachdem es in den siebziger Jahren liebevoll restauriert wurde, macht das Dorf heute einen schmucken Eindruck und vermittelt ein gewisses Gefühl von Wohlstand.

Der zentrale Bau in dem ruhigen und beschaulichen kleinen Dörfchen ist die Ermita de San Marcial. Dem Schutzheiligen der Insel, zugleich auch Patron der Fischer, hatte man im 15. Jahrhundert an anderer Stelle eine Kirche gewidmet. Ursprünglich stand seine Kapelle in einem Ort namens Rubicón, der per päpstlichem Dekret gleichzeitig der erste Bischofssitz der Kanarischen Inseln war. Nachdem

Hier wird der Insel-Patron verehrt:
Die Ermita de San Marcial in Femés

Tour 3: Der Süden

man den Bischofssitz nach Gran Canaria verlegt hatte und die ehemalige Kirche durch Piratenangriffe zerstört worden war, wurde in Femés Anfang des 18. Jahrhunderts eine neue Kapelle zu Ehren des Schutzheiligen errichtet.
Dessen Andenken sind alljährlich rund um den 7. Juli mehrtägige Feierlichkeiten gewidmet. Der kleine verschlafene Ort verwandelt sich dann unversehens in einen äußerst turbulenten Festplatz. Schließlich ist die Fiesta de San Marcial del Rubicón das wichtigste religiöse Fest auf Lanzarote. Im Zuge der Feierlichkeiten wird das Bildnis des Heiligen in einer großen Prozession durch das Dorf getragen.
Die Ermita de San Marcial ist nur zu den Gottesdiensten und an Feiertagen geöffnet. Etliche Schiffsmodelle an den Seitenwänden im Inneren weisen auf die Bedeutung des Heiligen für die Fischer hin. Der Kirchenvorplatz wird auch „Balkon" genannt und bietet eine schöne Panoramasicht über die gesamte Rubicón-Ebene bis hin zur Nachbarinsel Fuerteventura.

Hier kann man noch beschaulich bummeln: Uferpromenade von Playa Blanca

🐾 Tour 3: Der Süden

Bietet beste Aussichten:
Castillo de las Coloradas

Kurz hinter Femés zweigt links eine Straße ab nach Playa Blanca 🐾 🏖 (K 4). Der einst verträumte, kleine Fischerort hat sich in nur wenigen Jahren zu einem der drei größten Touristenzentren der Insel entwickelt. Den 500 ständigen Einwohnern stehen mittlerweile fast zehnmal soviel Gästebetten gegenüber. Dennoch gilt Playa Blanca als ruhigerer Urlaubsort. Das touristische Herzstück ist die großzügig angelegte Strandpromenade mit diversen Läden, Cafés und Restaurants. Ein kleiner Strand lädt zu einem Bad in Ortsnähe ein, doch die interessanteren und schöneren Strände liegen östlich und westlich von Playa Blanca.

Etwa zwei Kilometer östlich des Ortes steht an der Steilküste Punta de Águila ein alter Verteidigungsturm. Vielfach wurde dieses Castillo de las Coloradas dem Eroberer Jean de Béthencourt zugeschrieben, heute aber weiß man, dass der Torre del Águila (Adlerturm), wie er auch genannt wird, aus dem 18. Jahrhundert stammt. Leider ist der mittlerweile restaurierte Turm nur unregelmäßig geöffnet.

Tour 3: Der Süden

Wenn man Glück hat, kann man von seiner Plattform aus einen herrlichen Ausblick über die gesamte Südküste bis hin nach Fuerteventura genießen. Noch weiter östlich, und nur über ausgefahrene Pisten zu erreichen, liegen die Papageienstrände. Neben der namensgebenden Playa de Papagayo (K 5) gruppieren sich hier einige wunderschöne Badebuchten, zumeist durch Felswände relativ gut geschützt, mit kristallklarem Wasser und feinem, hellbraunem Sand. Die am weitesten westlich liegende Playa de Mujeres ist der lebhafteste Strandabschnitt. Die am östlichsten gelegenen Strände (Playa Caleta del Congrio und Playa de Puerte Muelas) sind die ruhigsten. Zwar gibt es im Umkreis der Strände Camper mit Wohnwagen oder Zelten – das Hinterland ist aber noch weit gehend unbebaut, nicht zuletzt ein Verdienst von Naturschützern.

Anders sieht es dagegen in unmittelbarer Nähe von Playa Blanca (K 4) aus. Dort ist rege Bautätigkeit zu beobachten, die sich immer weiter nach Westen ausdehnt. Bungalow-, Appartement- und Hotelanlagen sind jedoch meist recht geschmackvoll, weitläufig und mit viel Grün angelegt. Fährt man die küstennahe Stichstraße Richtung Westen aus Playa Blanca hinaus, erreicht man nach etwa drei Kilometern den südwestlichsten Punkt Lanzarotes, den Punta de Pechiguera. Dort ist Ende der achtziger Jahre neben dem alten Turm ein neuer Leuchtturm gebaut worden, der einzige der ganzen Insel.

Aus Playa Blanca führt die Straße nach Yaiza hinaus durch das menschenleere, von Lavaströmen durchzogene Rubicón-Tal. Nach etwa zehn Kilometern liegt links unmittelbar neben der Straße die einzige noch funktionstüchtige Salzgewinnungsanlage Lanzarotes, die Salinas de Janubio (H 4). Einst war sie der bedeutendste Betrieb, der vor allem Salz zur Konservierung von Fischen produzierte. Heute

Tour 3: Der Süden

werden in der Saline nur noch geringe Mengen Tafelsalz gewonnen. Die Anlage liegt in einer natürlichen Lagune, ihre Becken bieten auch heute noch zahlreichen Wasservögeln Lebensraum. Der Lagune vorgelagert ist der größte schwarze Kiesstrand Lanzarotes, die Playa de Janubio.

Von der Saline führt eine Küstenstraße nach El Golfo. Die Strecke zählt zu den schönsten Abschnitten der Westküste und ist geprägt von den Spuren gigantischer Lavaströme, die sich hier einst ins Meer ergossen haben. Die Gesteinsformationen bei Los Hervideros können auf gekennzeichneten Fußwegen gefahrlos besichtigt werden. Immer wieder eindrucksvoll ist das Schauspiel des „kochenden Meeres". In den Felsen bildeten sich Höhlen, die teilweise kleine Öffnungen nach oben haben. Bei starkem Wellengang schießt das Meerwasser mit schäumender Gischt durch diese Kamine empor und wirkt tatsächlich so, als ob es kochen würde. Etwa zwei Kilometer weiter nördlich führt eine Abzweigung links nach El Golfo 🍃 ☕ 🐾 (H 4), eine der interessantesten Attraktionen der Insel. Vom Parkplatz aus ist es noch ein kurzer Fußweg bis zu der dunkelgrünen Lagune Lago Verde. Der See, zur Landseite von einer halbkreisförmigen Felswand eingefasst, ist Teil eines Vulkankraters, dessen andere Hälfte im Meer versunken ist. Die Lagune, die unterirdisch immer wieder vom Meer gespeist wird, soll einen höheren Salzgehalt haben als das Tote Meer. Besucher können den Auftrieb des Salzwassers allerdings nicht mehr überprüfen, da das Gebiet unter Naturschutz steht und das Baden verboten ist. Auch der Halbedelstein Olivin, der hier im Gestein vorkommt, darf nicht mehr gesammelt werden. Über einen Fußweg, oder bequemer mit dem Auto um den Vulkankegel herum, erreicht man das Dorf Casa de El Golfo. Der kleine Fischerort ist zum Teil in das Lavafeld hineingebaut worden. In

Tour 3: Der Süden

Sorgen für das Salz in der Suppe:
Die Salinas de Janubio

den Lokalen des Dorfes werden leckere Fischgerichte serviert.
Die nächste Station auf dieser Tour ist Yaiza (H 5), das als schönstes Dorf Lanzarotes gilt. So haben die 2.000 Einwohner Yaizas schon einige Preise für die Gestaltung ihres Ortes gewinnen können. Die strahlend weißen kubischen Häuser im maurischen Baustil machen einen schmucken Eindruck. Straßen und Plätze sind reich mit Palmen, Hibiskus, Aloe und Bougainvillea bepflanzt. Nach den verheerenden Vulkanausbrüchen ist Yaiza Mitte des 18. Jahrhunderts fast komplett neu aufgebaut worden. Die ehemals fruchtbaren Äcker im Norden sind auch heute noch unter einer Lavadecke begraben.
Ausgesprochen sehenswert in Yaiza ist neben dem Ortsbild die Pfarrkirche Nuestra Señora de los Remedios. Besonders ins Auge fallen das dunkle Holzportal, die kunstvoll gearbeitete Holzdecke und der prächtige Hochaltar im Inneren der Kirche. Jedes Jahr im September wird zu den Patronats-

Beflügelt die Landschaft:
Alte Windmühle

Tour 3: Der Süden

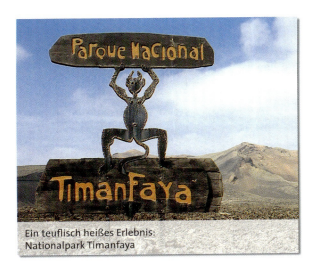

Ein teuflisch heißes Erlebnis: Nationalpark Timanfaya

feierlichkeiten das Madonnenbildnis vom Hochaltar genommen. Gegenüber der Kirche, an der schmucklos gestalteten Plaza de los Remedios, steht das Geburtshaus des Literaten Benito Pérez Armas. In der imposanten und sorgfältig restaurierten Villa ist heute das Casa de la Cultura untergebracht, ein Kulturzentrum mit Veranstaltungsräumen und einer sehenswerten Galerie. Eine private Galerie unter der Leitung von deutschen Künstlern befindet sich auf der Straße nach Playa Blanca. Wer nach dem Kunstgenuss eine erholsame Pause einlegen will, kann dies unter Schatten spendenden Bäumen auf der schön angelegten Plazoleta de Victor Fernandez tun.

In Yaiza zweigt eine Straße nach Norden ab zum Timanfaya-Nationalpark. Diese vulkanische Wüste zählt mit Recht zu den Hauptattraktionen der Kanarischen Inseln und steht seit 1974 unter strengem Naturschutz. Eine Erkundung auf eigene Faust und zu Fuß ist verboten – allerdings bestehen die Möglichkeiten zu einer Busrundfahrt oder einer

🐾 Tour 3: Der Süden

geführten Dromedar-Tour. Die Dromedar-Station liegt direkt an der Straße von Yaiza nach Mancha Blanca. Täglich von 9 bis 14 Uhr werden die Ausritte angeboten. Die Tour mit der Karawane dauert eine knappe halbe Stunde und eröffnet den Blick auf einige der Sehenswürdigkeiten. Informativer und länger sind die Bus-Touren durch das Vulkangebiet. Um zur Bus-Station zu gelangen, zweigt man links zum Restaurant El Diablo ab.
Dort am Parkplatz starten die etwa einstündigen Rundfahrten, die im Eintrittspreis zum Nationalpark bereits enthalten sind (täglich, 9 - 17 Uhr).
Durch die verheerenden Vulkanausbrüche zwischen 1730 und 1736 wurde nahezu ein Viertel der Oberfläche Lanzarotes unter Lavaströmen und Ascheregen begraben. Die ehemalige Vegetation in diesem Gebiet existiert nicht mehr. Große Teile der Region machen den Eindruck einer toten Mondlandschaft. Das kraterübersäte Gebiet schimmert von Schwarz über verschiedene Brauntöne bis ins Rote. Zentrum und gleichzeitig Hauptanziehungspunkt im Parque

Teil eines vulkanischen Kraters:
Die Laguna Verde von El Golfo

Tour 3: Der Süden

Nacional de Timanfaya 🍁 🌴 🐾 (G 5) sind die Montañas del Fuego, die „Feuerberge". Das Personal des Parks demonstriert den Besuchern eindrucksvoll, welch enorme Urkraft auch heute noch knapp unter der Oberfläche schlummert. So entzündet sich Reisig, das in eine Kuhle gelegt wird, durch die ausströmende Hitze von allein. Und Wasser, welches durch eine Röhre in die Erde gegossen wird, schießt nach kurzer Zeit als kochendheiße Fontäne wieder an die Oberfläche. Wenige Zentimeter in der Erde herrschen auch heute noch Temperaturen von 150° C, und in sechs Metern Tiefe werden bereits 400° C gemessen.

Eindrucksvoll ist auch die Demonstration am Restaurant El Diablo, wo über einer Erdspalte Fleisch und Brot gegrillt werden kann. Das Restaurant, ohne Ecken und vollständig aus feuerfesten Materialien erbaut, ist von César Manrique entworfen worden. Auch hier hat der Künstler und Architekt natürliche Relikte wie Lavagestein, das Skelett eines Wirbeltieres und Baumreste in die Architektur inte-

Etwas bedächtiger als der Sightseeing-Bus: Dromedar-Karawane durch die Feuerberge

🐾 Tour 3: Der Süden

Letzte Etappe einer aufregenden Tour: Die Straße von Yazia nach Uga

griert. Im Besucherzentrum am Rande des Parks in Richtung Mancha Blanca sind weitere Informationen und Materialien über die Feuerberge erhältlich. Unsere Route führt über dieselbe Strecke wieder aus dem Nationalpark hinaus, zunächst in Richtung Yaiza. Kurz vor Erreichen des Ortes biegen wir links in die Umgehungsstraße in Richtung Uga 🐾 (H 6). Auch dieser Ort hat sich, wie das benachbarte Yaiza, fein herausgeputzt. Viele Pflanzen, ein hübscher Ortskern mit weißen Häusern und flachen Dächern und die sehenswerte Kirche Iglesia San Isidro Labrador geben dem Dorf ein sympathisches Flair.
In ihren Ställen in Uga übernachten mehr als 200 Dromedare. Früher wurden sie als genügsame Arbeitstiere in der Landwirtschaft eingesetzt, heute schaukeln sie tagsüber Touristen durch die benachbarten Feuerberge. Überregionale Bedeutung hat Uga durch seine Ringkampfarena und seine Schule für den „Lucha Canaria" erlangt. Wenn Sie Glück haben, können Sie den Kämpfern beim Training zusehen.

Himmlisches Badevergnügen in lauschigen Buchten:
Die Playa El Papagayo

Tour 3: Der Süden

Von Uga aus führt der Weg durch das berühmte Weinbautal La Geria (H 6). Die Art und Weise, wie hier Wein angebaut wird, ist einzigartig und sorgt für ein spektakuläres Landschaftsbild, das in den sechziger Jahren vom Metropolitan Museum of Modern Art in New York als „Ingenieurleistung ohne Ingenieure" ausgezeichnet wurde. In den unfruchtbaren Lavaboden haben die Weinbauern kreisrunde Löcher gegraben, damit die Wurzeln der Rebstöcke fruchtbaren Boden erreichen. Als Feuchtigkeitsspeicher dieser Trockenbauweise dienen kleine Lavasteine, mit denen die Trichter aufgefüllt werden. Um die Pflanzen gegen den ständig wehenden Nordwind zu schützen, werden die Trichter mit halbkreisförmigen Mäuerchen eingefasst. Zigtausende dieser Trichter verleihen dieser Kulturlandschaft ihr einzigartiges geologisches Bild.

Ursprünglich wurde in dem Geria-Tal, das sich von Uga bis nach Mozaga erstreckt, der landestypische Malvasier angebaut, ein schwerer, süßlicher Wein. Der sich über Jahrzehnte abzeichnende Niedergang des Weinbaus wurde durch den Tourismus gestoppt. Heute werden auf den Weingütern im Tal zunehmend frische und leichtere Weine angebaut, die vor allem in der Gastronomie Lanzarotes zum Ausschank kommen.

Die meisten Weinfelder gehören zur Bodega La Geria, die in der Mitte des Tals liegt. Hier gibt es einen Ausschank, in dem man den Rebensaft probieren kann. Wer noch einen Abstecher weiter nordöstlich durch das Tal machen will, gelangt zu dem kleinen Weinbauerndorf Masdache. Auch hier gibt es namhafte Weingüter, wo man Wein probieren und direkt beim Erzeuger kaufen kann.

Der Rückweg nach Puerto del Carmen führt über Macher, die Straße zweigt rechts bei Vegas de Tegoyo von der Strecke durch das Geria-Tal ab.

„Ingenieursleistung ohne Ingenieure":
Weinanbau im Lava-Land von La Geria

Die Elemente als kühne Architekten:
Felsbrücke zwischen Punta Gorda und Playa Lambra

Tour 4:
Isla La Graciosa

Caleta del Sebo → Pedro Barba → Playa de las Conchas → Playa Francesca
(ca. 20 km)

Ein Bootsausflug nach La Graciosa lässt Sie eintauchen in kaum berührte Natur, wo Sie Ruhe und herrliche Strände genießen können. „Die Anmutige" taufte der Eroberer Béthencourt diese Insel – eine Bezeichnung, die auch heute noch zutrifft.
Es scheint, man könne hinüberschwimmen. Nur einen Kilometer breit ist die Meerenge El Rio an ihrer schmalsten Stelle, welche die Insel La Graciosa von Lanzarote trennt. Dieser Versuchung sollte man unbedingt widerstehen. Selbst Surfern soll es noch nicht gelungen sein, La Graciosa zu erreichen – zu tückisch sind Wind und Strömung.

Tour 4: Isla La Graciosa

Alles in Sichtweite:
Blick von Lanzarote auf La Graciosa

30 Minuten ist die Fähre unterwegs, die mehrmals täglich zwischen Orzola und Caleta del Sebo (B 10) auf La Graciosa pendelt. Ihren Mietwagen müssen Sie allerdings auf Lanzarote zurücklassen, denn die Fähre befördert keine Autos. Das kleine Eiland lässt sich aber auch zu Fuß oder mit dem Mountainbike bequem erkunden, schließlich ist es noch nicht einmal zehn Kilometer lang.

La Graciosa gehört zum Archipelago Chinijo, das sich nördlich von Lanzarote erstreckt, und ist als einzige dieser Inseln bewohnt. Seit wenigen Jahren ist die Inselgruppe zum Meeresreservat erklärt worden und steht unter besonderem Naturschutz. Der Besucher wird bei seiner Ankunft im Hafen von Caleta del Sebo deutlich darauf hingewiesen. Unterwasserfischen und Schwimmen im Hafenbecken ist ebenso verboten wie wildes Zelten. Nur einmal im Jahr wird eine Ausnahme gemacht. Wenn zum 16. Juli etliche Lanzaroteños mit ihren Booten auf die Nachbarinsel kommen, um über mehrere Tage die Fiesta del Carmen zu feiern, werden auch Zelte aufgeschlagen,

🐾 Tour 4: Isla La Graciosa

denn die beiden einzigen Pensionen des Ortes können den Besucherandrang nicht bewältigen.
Nach Ende der Feierlichkeiten sind die rund 600 Bewohner La Graciosas wieder unter sich. Nahezu alle leben in Caleta del Sebo, dem einzigen Ort der Insel, und ernähren sich überwiegend vom Fischfang. Der Fischfang war es auch, der überhaupt Menschen auf die Insel gebracht hat. Entdeckt wurde das Eiland zwar schon 1402 durch den normannischen Seefahrer Jean de Béthencourt, dennoch blieb das beschauliche Fleckchen Erde jahrhundertelang unbewohnt, weil es weder über Quellen noch Brunnen verfügte. Lediglich Piraten trieben hier im 16. und 17. Jahrhundert ihr Unwesen, indem sie La Graciosa als Versteck und Ausgangspunkt für ihre Überfälle benutzten.
Ende des letzten Jahrhunderts pachtete eine Fischereigesellschaft die Insel und erhielt eine Lizenz zum Fischen in den artenreichen Gewässern rund um La Graciosa. Einige Fischer von Lanzarote kamen als Arbeitskräfte auf die Insel, und als die Gesellschaft

Der einzige Ort auf der Insel:
Das Fischerdorf Caleta del Sebo

Tour 4: Isla La Graciosa

Generationsübergreifendes Zusammenwirken: Fischer beim Ausnehmen des Fanges

nach wenigen Jahren den Betrieb wieder aufgab, blieben sie dort und fischen seitdem in eigener Regie.

Heute hat La Graciosa eine Meerwasserentsalzungsanlage – aber der Tourismus hält sich in bescheidenen Dimensionen. Einige Einheimische und nur ganz wenige europäische Urlauber wissen die Ruhe der Insel zu schätzen, die über eine ausgesprochen geringe touristische Infrastruktur verfügt. Dennoch lohnt ein Tagesausflug auf die kleine Nachbarinsel, vor allem als Kontrastprogramm zu den belebten Stränden Lanzarotes.

Nach der Ankunft kann man gemütlich durch Caleta del Sebo schlendern, Sehenswürdigkeiten wird man allerdings vergeblich suchen. Wer gut zu Fuß ist, festes Schuhwerk trägt und Sonnenschutz sowie Wasser nicht vergessen hat, begibt sich auf eine Erkundung der Insel. Über eine sandige Piste, die in nordöstlicher Richtung aus dem kleinen Fischerdorf hinausführt, erreicht man nach etwa vier Kilometern Fußweg (wenn Sie möchten, können Sie einen Teil

Tour 4: Isla La Graciosa

der Strecke querfeldein zurücklegen) Pedro Barba 🍀 (A 11), einen mittlerweile verlassenen Ort. Lediglich einige Lanzaroteños haben hier noch ihre Ferienhäuser, in denen sie ihren Urlaub in der Abgeschiedenheit verbringen können.

Von Pedro Barba aus führt eine weitere Piste Richtung Westen quer über die Insel. Die Landschaft ist karg, und wenige graugrüne Pflanzen, vor allem Eis- und Seidenpflanzengewächse trotzen der sandigen Trockenheit. Während des Fußmarsches hat man links immer die höchste Erhebung der Insel, den 266 m hohen Pedro Barba, im Blick. An der Westküste erreicht der Wanderer einen der schönsten Strände der Kanarischen Inseln, die Playa de las Conchas 🍀 🐾 (A 10). Hier machte übrigens im Jahre 1799 der deutsche Universalgelehrte Alexander von Humboldt einen Zwischenstopp, bevor es nach Amerika ging. So wunderschön dieser „Muschelstrand" mit seinem Blick auf die Nachbarinseln auch sein mag – von einem Bad sei wegen der extremen ablandigen Strömung dringend abgeraten.

Auf Sand gebaut, aber durchaus stabil: Caleta del Sebo

Tour 4: Isla La Graciosa

Von der Playa de las Conchas führt der Weg Richtung Süden durch eine karge Dünenlandschaft zur felsigen „Eselsbucht", der Caleta del Burro. Wer einen herrlichen Rundumblick genießen möchte, kann über einen Pfad von Südosten her zum Kraterrand des Montaña del Mojón hinaufsteigen. Der Abstecher ist leicht zu bewältigen, und die wunderschöne Panoramasicht lohnt die kleine Mühe.
Vor dem Rückweg nach Caleta del Sebo geht es westlich des Dorfes zu den Stränden Playa de la Cocina und Playa Francesca (B 10). Während das Schwimmen an der Nord- und Westküste ein äußerst riskantes Vergnügen ist, kann an der Südküste von La Graciosa gefahrlos gebadet werden. Auch diese beiden herrlichen Badestrände gehören zu den schönsten des ganzen Archipels.
Bevor Sie mit dem Boot wieder zurück nach Lanzarote fahren, können Sie in einem der kleinen Lokale am Hafen von Caleta del Sebo in beschaulicher Atmosphäre noch einen Kaffee oder ein kühles Getränk genießen.

Naheliegend, doch für Schwimmer unerreichbar: La Graciosa, von Lanzarote aus betrachtet

Demnächst wieder auf See:
Fischerboote in Caleta del Sebo

Sport, Spiel & Aktivitäten

Selbstverständlich kann man seine Ferien gemütlich am Strand verbringen und dabei das herrliche Zusammenspiel von Sonne, See und Sand genießen. Wer mag, kann seinen Urlaub aber auch sportlich-aktiv gestalten – was zweifelsohne im Trend der Zeit liegt. Auf Lanzarote gibt es hierfür eine Fülle von Angeboten für alle, die die Herausforderung suchen.

WINDSURFEN

Die Kanarischen Inseln sind ein Windsurf-Paradies. Bei Könnern steht auch Lanzarote hoch im Kurs. An vielen Küstenabschnitten der Insel findet der

Für Anfänger wie Profis gleichermaßen vergnüglich: Windsurfen vor Lanzarote

Sport, Spiel & Aktivitäten

Klar zum Auslaufen:
Segelboote der Kompaktklasse

geübte Surfer hervorragende Wasser- und Windbedingungen. Aber auch für Anfänger gibt es ideale Reviere mit moderaten Wind- und Wasserbedingungen, Leihausrüstungen, Trainingsmöglichkeiten und Unterricht. Gemäßigte Verhältnisse herrschen bei Puerto del Carmen im Süden oder bei La Santa im Nordwesten. Fortgeschrittene Windsurfer bevorzugen die Costa Teguise, die Playa de Papagayo oder El Golfo. Die Profis holen sich ihren Nervenkitzel an der Famara-Bucht.
Windsurfschulen und Ausrüstungsverleih gibt es unter anderem in Arrecife, Costa Teguise (Playa de las Cucharas) oder Puerto del Carmen (Playa de Matagorda).

SEGELN

Für Segeltörns vor den Küsten Lanzarotes gibt es Chartermöglichkeiten in den Yachthäfen von Arrecife, Costa Teguise, Playa Blanca und Puerto Calero bei Puerto del Carmen.

Sport, Spiel & Aktivitäten

Gute Straßen, ebene Landschaft: Lanzarote lockt zu Fahrrad-Touren

TAUCHEN

Dank einer abwechslungs- und fischreichen Unterwasserwelt sind einige Küstenabschnitte Lanzarotes bei Tauchern ausgesprochen beliebt. Tauchschulen und Ausrüstungsverleihe gibt es unter anderem in Puerto del Carmen, Costa Teguise und Playa Blanca.

HOCHSEEFISCHEN

Der Fischreichtum der Kanaren ist außergewöhnlich. Hier gibt es Thunfisch, Zackenbarsch, Schwertfisch – sogar Haie und Barracudas werden hier gesichtet. Schon wenige Kilometer vor den Küsten Lanzarotes beginnt das Eldorado der Hochseefischer. Informationen zu den Angeltörns erhalten Sie über die Reiseleitungen, an vielen Hotelrezeptionen oder in den Yachthäfen von Arrecife, Costa Teguise, Playa Blanca und Puerto Calero bei Puerto del Carmen.

🐾 Sport, Spiel & Aktivitäten

WANDERN

Als Eldorado für Wanderfreunde gilt Lanzarote gewiss nicht. Allerdings ist in den letzten Jahren ein Trend zu beobachten, mit Wanderwegen interessante Gebiete zu erschließen, wie etwa die Umgebungen von La Geria und von Yaiza. Auch im Famaragebirge gibt es reizvolle Routen.
Für Strandspaziergänge gibt es schöne Gelegenheiten, wie zum Beispiel entlang der Famarabucht.
Die beste Zeit für Wanderungen auf der Insel sind die Wintermonate. Im Sommer sollten ausreichende Vorbereitungen gegen Trockenheit und Hitze getroffen werden. Unerlässlich ist festes, möglichst hohes Schuhwerk.

TENNIS

Tennisplätze gibt es in vielen Hotels und Appartementanlagen. Einige dieser Plätze stehen auch Nicht-Gästen zur Verfügung.

Beim Winken immer gut festhalten:
Per Bananenboot über den Atlantik

Die kanarische Bergwelt:
Etwa das Ende des Hohen Atlas?

Neues Öl und alte Fragen

Wenn man die Landkarte betrachtet, liegt die Vermutung nicht fern: Durch Marokko zieht sich der Hohe Atlas, und wenn man diesen gedanklich über die Küste hinaus verlängert, gelangt man geradewegs zu den Kanaren. Sind diese also nichts anderes als ein paar Überwassergipfel jenes nordafrikanischen Gebirgszugs? Also eigentlich marokkanische Außenposten? Dieses zumindest behaupten die Marokkaner, und dabei haben sie sogar ein paar entsprechende geologische Gutachten zur Hand. Das wäre nicht weiter wichtig, jedoch ist das Verhältnis zwischen Madrid und Rabat eh ein wenig getrübt. Und die Spanier hatten 2002 die Idee, vor der Küste Lanzarotes nach Erdöl zu suchen. Flugs erhob sich heftiger marokkanischer Protest. 1402 eroberten die Spanier Lanzarote – aber gewisse Fragen brauchen halt etwas länger, um entschieden zu werden.

Sport, Spiel & Aktivitäten

GOLF

In der Nähe von Costa Teguise befindet sich seit 1978 eine 18-Loch-Anlage (par 72), konzipiert von dem renommierten britischen Golfplatz-Architekten John Harris. Es werden auch Anfängerkurse angeboten.
Club de Golfe de Teguise

REITEN

Auf Lanzarote gibt es mehrere Möglichkeiten zum Reiten. Sie können Pferde für einen Ausritt mieten, Unterricht nehmen oder die Kinder auf ein Pony setzen.
„Rancho Texas", Puerto del Carmen; „El Establo", Costa Teguise; „Lanzarote a Cabballo" bei Uga an der Strecke von Arrecife nach Yaiza (gegenüber Abzweig nach Playa Quemada)

RADFAHREN/MOUNTAINBIKING

Sowohl Tourenräder als auch Mountainbikes kann man sich mittlerweile in fast allen Urlaubsorten ausleihen (Informationen dazu erhalten Sie z.B. an der Rezeption Ihres Hotels). Viele Fluggesellschaften bieten auch die Möglichkeit der Fahrradmitnahme. Informationen dazu erhalten Sie über Ihr Reisebüro. Lanzarote ist sicherlich die fahrradtauglichste Insel des Archipels, da kaum große Höhenunterschiede überwunden werden müssen. Ein sehr schönes flaches Gebiet finden Sie östlich des Timanfaya-Nationalparks, zwischen Tinajo, La Santa und La Caleta. Bei allen Radtouren sollte man bedenken, dass es keine Radwege gibt. Spitze Steine auf den Pisten können schnell einen Plattfuß verursachen. Kräftiger Gegenwind und beachtliche Steigungen können dem untrainierten Radler enorm zu schaffen ma-

Sport, Spiel & Aktivitäten

Der Himmel über Lanzarote: Zum In-die-Luft-gehen schön

chen. Gegen Sonne, kalten Wind und Durst sollte der geübte Radler ebenfalls ausreichend Vorsorge treffen. Wenn Sie übrigens auf Lanzarote in die Pedale treten, so haben Sie prominente Vorgänger: Stars der Profi-Radszene nutzen die Insel für winterliche Trainingslager; unter anderem wurde hier auch der Tour-de-France-Sieger Jan Ullrich regelmäßig gesichtet.

Mountainbikes können Sie sich unter anderem leihen in: Costa Teguise (Playa de las Cucharas), Puerto del Carmen, Playa Blanca und La Santa

GLEITSCHIRM-/DRACHENFLIEGEN

Geübte Drachen- und Gleitschirmflieger schwärmen von den konstanten Passatwinden. Sie starten bei Orzola am El Embarcadero, bei El Cuchillo, bei Mala, sowie im Süden in den Bergen Los Ajaches in der Nähe von Femés und am Tinasoria. Bei dem Startpunkt am Montaña de Zonzamas gibt es auch eine Flugschule.

Urlaubsspaß für Kinder & die ganze Familie

Lanzarote bietet sich für einen Familienurlaub an – etliche Ferienanlagen haben gerade in letzter Zeit viel für Kinder getan. So finden Kinder an vielen Orten Plantschbecken neben den Hotelpools, es gibt Spielplätze, Kinderaufsicht und spezielle Animations- und Spielprogramme für den Nachwuchs. Besonders zu empfehlen für einen Urlaub mit Kindern sind Puerto del Carmen und Playa Blanca, die zudem kindertaugliche Strände aufzuweisen haben. Ideale Badeplätze mit flachem Wasser befinden sich auch an der Playa de Papagayo und in den kleinen Sandbuchten bei Orzola. Selbstverständlich gibt es auf Lanzarote aber auch einige Ausflugsziele, die besonders Kindern viel Spaß machen.

Alle Ausrüstungsgegenstände zur Hand: Familiärer Fun im flachen Wasser

🐾 Urlaubsspaß für Kinder & Familie

Für Kinder ein tolles Erlebnis:
Dromedar-Karawane durch den Timanfaya-Nationalpark

DROMEDAR- UND PONY-REITEN

Statt einer Busfahrt durch den Nationalpark Timanfaya kann man auch auf dem Rücken von Dromedaren durch diese fantastische Landschaft schaukeln. Reitkenntnisse sind nicht erforderlich, da die Tiere jeweils zwei Personen auf speziell konstruierten Sitzen tragen.
Parque Nacional de Timanfaya (an der Straße von Yaiza nach Tinajo), täglich 9 - 16 Uhr
Pony-Reiten für den Nachwuchs gibt es im „Lanzarote a Cabballo" bei Uga an der Strecke Arrecife - Yaiza (gegenüber Abzweig nach Playa Quemada)

CUEVA DE LOS VERDES

Dieses durch Lavaflüsse entstandene Höhlensystem ist sicherlich die Hauptattraktion der Insel (s. auch Seite 108f). Früher hatten sich hier die Bewohner vor Piratenüberfällen versteckt, heute darf man das geheimnisvolle Höhlenlabyrinth „erforschen". Selbst-

Urlaubsspaß für Kinder & Familie

verständlich nur mit einer Führung – aber trotzdem bleibt der Ausflug in die Tiefe abenteuerlich.
Ca. 3 km nördlich von Arrieta, geöffnet täglich, 10 - 17 Uhr

JAMEOS DEL AGUA

An der Küste etwa vier Kilometer nördlich von Arrieta liegt dieser Höhlenkomplex, der zum selben System gehört wie die Cueva de los Verdes. Die Jameos sind jedoch teilweise nach oben offen.
Geöffnet täglich, 11 - 18.30 Uhr, Di und Sa auch von 19 - 3 Uhr

VOGELPARK „TROPICAL PARK"

Mehr als 1.000 Vögel leben hier in Käfigen und einem großen Freigehege. Verschiedene Sittiche in allen Farben, afrikanische und australische Vögel und ein großes Eulengehege sind zu besichtigen. Hauptattraktion sind sicherlich die Papageien, die

Intelligente Gesellen:
Aras und Ihre Artgenossen

🐾 Urlaubsspaß für Kinder & Familie

in einer kleinen Show auch Kunststücke vorführen. Sie fahren Rad, schlagen Purzelbäume und spielen einen Mini-Stierkampf.
Guinate, geöffnet täglich, 10 - 17 Uhr

„Rancho Texas Park"

Was man nicht alles auf Lanzarote findet: Sogar ein Sioux-Dorf mit Canyon und Saloon-Restaurant hat man zu bieten, durch letzteres fliegen übrigens Papageien. Auch Krokodile sind nicht weit, und schließlich können Kinder hier allerlei Wildwest-Tätigkeiten ausüben: Goldsuchen, Kanufahren, Ponyreiten und Abenteuerspielen.
Puerto del Carmen, an der Straße zum Flughafen, geöffnet täglich von 10 bis 17 Uhr.

Miniaturenmuseum „Almogaren de Max"

Gute Augen braucht man in diesem Museum, das Miniaturen aus aller Welt zeigt. Es ist erstaunlich,

Kostbare Kleinigkeiten:
Das Miniaturenmuseum in Haría

Urlaubsspaß für Kinder & Familie

mit und auf welchen Materialien diese winzigen Gegenstände und Abbildungen gefertigt wurden. Da gibt es einen aus Kaugummi geformten Kopf, ein Reiskorn, auf dem eine Fußballszene zu sehen ist oder einen Zahnstocher, der alle sieben Weltwunder zeigt.
Um alles zu erkennen, sind die Schaukästen mit Lupen ausgestattet. Dieses Miniaturenmuseum ist übrigens eine von zwei Einrichtungen dieser Art in Europa.
Haría (am Ortsausgang Richtung Teguise), geöffnet täglich, 10 - 17 Uhr

CASTILLO DE SAN GABRIEL

Vor allem etwas ältere Kinder werden einen Besuch des Kastells spannend finden, das sich trutzig auf einer kleinen Insel vor Arrecife erhebt. Mit dieser Befestigung sollte die Stadt vor Piratenangriffen geschützt werden.
Von der Festung aus bietet sich ein schöner Panoramablick auf Arrecife, und im Inneren kann man in einer archäologischen Ausstellung zahlreiche Fundstücke bewundern. Darunter auch geheimnisvolle Zeichen und Zeichnungen, die den Wissenschaftlern bis zum heutigen Tage noch Rätsel aufgeben.
Arrecife, geöffnet Mo - Fr, 9 - 15 Uhr

AGUA LANZA

Der einzige Vergnügungspark der Insel ist ein nicht ganz billiger Spaß. Dennoch haben die Kinder ihre Freude an den Wasserbecken, etlichen Rutschen und Spielmöglichkeiten. Auch Erwachsene werden sich im Agua Lanza nicht langweilen.
Costa Teguise (Nähe Golfplatz), geöffnet täglich, 10 - 18 Uhr

Bringt nicht nur Kinder zum Staunen:
So speit die Erde den Wasserguss wieder aus

Die wichtigsten Strände

Die Strände von Lanzarote bieten für jeden Geschmack etwas. Für alle Arten von Wassersport gibt es an den Küsten der Insel ideale Bedingungen. Was jedoch den Windsurfer freut, kann den Badenden erheblich verdrießen. Deshalb sind, eben aufgrund der starken Winde und der respektablen Brandung, die Strände im Nordwesten nur etwas für sportliche Naturen.
Auf Lanzarote finden Sie einige wenige Strände mit schwarzem Sand, dieser ist stets vulkanischen Ursprungs. Die meisten Strände jedoch sind hell und feinsandig. Manche Legende will weismachen, dass es sich dabei um herübergewehten Saharasand handelt. Tatsächlich sind sie aber im Laufe von Jahrmillionen aus zerriebenem Muschelkalk entstanden.

Buchten wie Sand am Meer:
Hinreißend schöne Playa Papagayo

🐾 Die wichtigsten Strände

Während sich „Oben ohne" an vielen Touristenstränden durchgesetzt hat, ist Nacktbaden offiziell nicht erlaubt. Dennoch werden FKK-Jünger an einigen Strandabschnitten toleriert, so etwa am nördlichen Abschnitt der Playa de Famara oder am äußeren Rand der Playas de Papagayo.

Strände im Norden

Bajo de los Sables

Die kleinen Buchten südöstlich von Orzola sind zwar nicht leicht zu erreichen, eignen sich aber gut zum Sonnen und Baden. (B 12)

Arrieta

Bei Arrieta gibt es einige kleine, ortsnahe Badebuchten. Die Playa La Garita zählt zu den saubersten Stränden der ganzen Insel. (D 11)

Playa del Risco

Dieser Strand, inmitten der Steilküste des El Risco-Bergzuges, ist einer der einsamsten Lanzarotes. Kein Wunder: Er ist nur zu Fuß über einen serpentinenreichen Pfad zu erreichen. Dennoch lohnt die Mühe! (C 10)

Playa de Famara

Der kilometerlange Strand bei La Caleta ist landschaftlich sicherlich der reizvollste der Insel. Allerdings stört der starke Wind oft beim Sonnenbaden – und die Brandung ist für viele Schwimmer schon zu stark. Die Windsurfer allerdings freut es, und Spaziergänger kommen auch auf ihre Kosten. (D 10)

Die wichtigsten Strände

Strandspaß in Schwarz: El Golfo an der Lago Verde

La Graciosa

Ein Tagesausflug auf die kleine Nachbarinsel lohnt auf jeden Fall. Vorausgesetzt, Sie können sich an wunderschönen, teilweise menschenleeren Stränden erfreuen. Die besten Bademöglichkeiten liegen westlich von Caleta del Sebo (Playa Francesca, Playa de la Cocina, Bahia del Salado).

Strände im Süden und Südosten

Costa Teguise

Die meisten Strandabschnitte wie etwa die Playa de las Cucharas oder die Playa Jabillo sind recht lebhaft. Wer mehr Ruhe sucht, sollte sich zu dem dunklen Strand Playa Bastián orientieren. (G 11)

🐾 Die wichtigsten Strände

Arrecife

Westlich des Ortskerns liegen die Strände Playa del Cable und Playa Honda. Diese recht netten Strandabschnitte werden überwiegend von Einheimischen besucht. (H 9)

Puerto del Carmen

Die ortsnahen Strände Playa Blanca und Playa de los Pocillos sind ausgesprochen beliebt und bieten viel Platz für viele Badende. (J 7)

Playa de Papagayo

Die herrlichen hellen Strände östlich von Playa Blanca sind durch Steilufer gut geschützt und bei Urlaubern wie Einheimischen gleichermaßen beliebt, weshalb das Geschehen hier und dort etwas lebhaft ist. Einige Abschnitte sind jedoch noch nicht überlaufen – was nicht zuletzt daran liegt, dass man diese zauberhaften Strände nur mit einem Auto erreichen kann. (K 5)

Strände im Westen

Playa de Janubio

Der wunderschöne, schwarzsandige Strand hinter den Salinen gehört sicherlich zu den Attraktionen Lanzarotes. (J 4)

El Golfo

Dieser dunkle Lavastrand an der grünen Lagune Lago Verde ist vor allem bei Einheimischen recht beliebt. (H 4)

Fiestas, Feste und Feiertage

Wie in allen spanischsprachigen Ländern wird auch auf Lanzarote gerne und viel gefeiert. Vor allem die Fiestas, die Volksfeste, sind es, die ganze Dörfer und Städte auf die Beine bringen. Wer während seines Urlaubs eine Fiesta miterlebt hat, wird sie sicherlich zu seinen schönsten Reiseerinnerungen zählen. Kanarische Lebensfreude pur – Musik, Gesang und Tanz, natürlich mit reichlich Essen und Trinken – lädt auch den Urlauber zum fröhlichen Mitmachen ein. Und das Schönste: Die meisten Fiestas dauern mehrere Tage, manche sogar eine Woche oder länger. Wer monatelang durchfeiern möchte, ist gleichfalls herzlich eingeladen, denn wenn die Fiesta in einem Dorf zu Ende geht, fängt sie im nächsten Ort gerade erst an. Allerdings sollten Sie zum Feiern etwas Kondition mitbringen: Viele Fiestas kommen erst um Mitternacht richtig in Schwung...

Die größte und ausgelassenste Fiesta der Kanarier ist der Karneval im Februar/März, wobei das buntbeschwingte Treiben vor allem in Arrecife sehenswert ist und zum Mitmachen einlädt. Gefeiert wird der Karneval, begünstigt durch das sommerliche Klima, natürlich draußen auf den Straßen und den Plazos.

Mit einem gleichfalls spektakulären Fest begeht man in Teguise den Heiligen Abend: So wie auf der Fiesta de los Ranchos de Pascua haben Sie Weihnachten bestimmt noch nicht erlebt: Statt eines besinnlichen Krippenspiels führen Folkloregruppen mit viel Musik und Tanz Bethlehem-Szenen auf. Nach der anschließenden Christmette findet noch eine nächtliche Prozession statt – und danach wird bis in die frühen Morgenstunden ausgelassen gefeiert.

Fiestas, Feste & Feiertage

Kein Kleid für alle Tage: Kecke Karnevalskostümierung

Selbstverständlich feiert jede Stadt und jedes Dorf auf Lanzarote seinen Schutzheiligen bzw. seine Schutzheilige. Offiziell darf jeder Ort zu diesem Zweck zwei Feiertage pro Jahr beanspruchen. Die Fiestas ziehen sich aber oft über mehrere Tage hin, der eigentliche (unten genannte) Festtag ist lediglich der offizielle Höhepunkt der Feierlichkeiten, an dem die meisten Geschäfte und öffentlichen Einrichtungen geschlossen haben. Manche der Festtage können von Jahr zu Jahr variieren. Fällt der Hauptfeiertag z. B. auf einen Sonntag, wird er auf den folgenden Montag verschoben. Auf Plakaten und Handzetteln (allerdings auf Spanisch) erfahren auch die Urlauber, wo und wann etwas los ist. Bisweilen ist manches Dorffest schon eine kleine Kirmes mit Imbissständen, Losbuden, Karussells und anderen Angeboten für Kinder. Häufig gibt es auch Sportveranstaltungen auf den Fiestas, wie etwa der berühmte kanarische Ringkampf „Lucha Canaria". Aber auch viele religiöse Feste sind ausgelassen und heiter. Weltliche Freuden wie Essen,

Fiestas, Feste & Feiertage

Trinken, Musik und Tanz kommen dabei selten zu kurz. Große Prozessionen mit farbenfrohen Trachten gibt es nahezu in jedem größeren Ort. Die spektakulärste religiöse Feierlichkeit ist sicherlich die Prozession der „Virgen de las Volcánes" in Mancha Blanca. Dabei wird eine Statue der „Schwarzen Madonna" durch die Stadt getragen. Der Überlieferung zufolge hatte die Heilige im 18. Jahrhundert einen Lavastrom gestoppt, der auf das Dorf zufloss. Die dankbaren Gläubigen erinnern seither jedes Jahr mit einer Prozession an dieses Wunder. Lediglich die Karwoche fällt etwas aus diesem Rahmen: Besinnlicher, oft begleitet von düsterer Musik und Klagegesängen, ziehen die Teilnehmer der Prozessionen durch die Straßen. Die wichtigsten Fiestas und Feiertage auf einen Blick:

JANUAR

Neujahrstag (1.1.) und Heilige Drei Könige (6.1.): Der Tag, an dem die spanischen Kinder ihre Weih-

Eher unbeeindruckt vom Geschehen:
Teilnehmer an der Landwirtschaftsmesse in Pozo Negro

Fiestas, Feste & Feiertage

nachtsgeschenke bekommen und die drei Könige (Reyes) zu Pferde einreiten. Dreikönigsumzüge in Arrecife, Teguise und anderen Orten.

Februar / März

Karnevalsfeiern auf der ganzen Insel. Höhepunkte der Fiestas in Arrecife und Teguise.

März / April

Karwoche mit vielen Prozessionen auf der ganzen Insel.

Ende April

Landwirtschaftsmesse in Pozo Negro beim landwirtschaftlichen Versuchsgut der Inselregierung.

Mai

Tag der Arbeit (1.5.), Patronatsfest San Isidro in Uga (15.5.), Fiestas de María Auxiliadora in Mancha Blanca (24.5.).

Juni

Fronleichnamsfeste auf der ganzen Insel, farbenprächtige Dekoration der Straßen mit Sand- oder Salzteppichen. Prozessionen in Arrecife und Haría. Patronatsfeste in Güime (13.6.), Haría (24.6.) und Máguez (29.6.).

Juli

Fiesta de San Marcial del Rubicón: mehrtägige Feier zu Ehren des Insel-Schutzpatrons in Femés (Hauptfeiertag 7.7.). Fiestas de la Virgen del

Fiestas, Feste & Feiertage

Carmen, der Schutzheiligen aller Fischer und Seeleute (16.7.) in Playa Blanca, Puerto del Carmen (Bootsprozession) und vielen anderen Küstenorten, sowie in Caleta del Sebo auf der Insel La Graciosa. Patronatsfest in Tahíche (25.7.).

August

Patronatsfeste in San Bartolomé (24.8.), Arrecife (25.8.) und Haría (30.8.). Vor allem in Arrecife sind die Feierlichkeiten über mehrere Tage ausgedehnt mit Segelregatta, Dromedar-Ritten und dem Lucha Canaria.

September

Patronatsfeste in Yaiza (8.9.) und Tiagua (9.9.). Pilgerfest mit Folkloreveranstaltungen und Kunsthandwerksmesse in Mancha Blanca (15.9.).

Oktober

Fiesta de la Virgen del Rosario in Arrecife (7.10.). Día de la Hispanidad (12.10.): Feiern in vielen Orten zu Ehren der Entdeckung Amerikas durch Christoph Kolumbus.

November

Allerheiligen (1.11.). Patronatsfest in Tao (30.11.).

Dezember

Tag der Verfassung (6.12.). Patronatsfest in Máguez (4.12.). Fiesta de los Ranchos de Pascua in Teguise (24.12.).

Sicheres Stilgefühl:
Mit einfachen Mitteln entstehen heimelige Häuser

Tipps von A - Z

ÄRZTE/APOTHEKEN

Wenn Sie ärztliche Hilfe brauchen, wird Ihnen Ihr Hotel den nächstgelegenen deutsch- oder englischsprachigen Arzt nennen können. Die staatlichen Ärztezentren (Centro de Salud) nehmen deutsche Krankenscheine an, was allerdings oft mit langen Wartezeiten erkauft werden muss; vor Antritt der Reise ist der entsprechende Auslandskrankenschein von der Kasse anzufordern. Ab 2004 kommt es in Deutschland zur Einführung der European Health Insurance Card, deren Magnetstreifen auch von spanischen Lesegeräten verstanden wird. Bei Privatärzten können Sie die Behandlung auch gegen Aushändigung einer detaillierten Rechnung bar bezahlen. Diese Rechnung wird zu Hause von der

Im Falle eines Falles:
Rasche Hilfe aus der Apotheke

Tipps von A - Z

Rundum ausgiebig eingekremt: Jetzt kann die Sonne kommen!

Kasse teilerstattet. Empfehlenswert ist der Abschluss einer privaten Auslandskrankenversicherung, welche die Restkosten übernimmt.
Gleiches gilt für verschriebene Medikamente aus der Apotheke (farmacia), die übrigens deutlich billiger sind als in Deutschland. Auch hier sollten Sie eine Rechnung verlangen, damit Sie die Kosten später mit dem Versicherungsträger abrechnen können. Medikamente werden in Spanien oft unter anderen Markennamen angeboten. Manche Apotheken arbeiten mit PCs, auf denen alle international verwendeten Namen für die Arzneien gespeichert sind. Sonnenschutzmittel (unbedingt nötig auf Lanzarote!) sollten sie von zu Hause mitbringen, auf der Insel sind sie deutlich teurer.

AUTOFAHREN

Die spanischen Verkehrsregeln unterscheiden sich nur unwesentlich von den deutschen. Es besteht Anschnallpflicht, die Promillegrenze liegt bei 0,8.

Tipps von A - Z

Das Tempolimit innerhalb geschlossener Ortschaften liegt bei 50 km/h, auf Landstraßen bei 90 km/h und auf der Autobahn bei 100 km/h.

BUSSE

Die größeren Orte sind per Bus zu erreichen. Die Linien verkehren stellenweise jedoch nur sporadisch (dreimal täglich). Oft fahren nach 20 Uhr und auf einigen Strecken auch sonntags keine Busse. Entlegene Ortschaften sind zum Teil nicht mit öffentlichen Verkehrsmitteln zu erreichen. Außerdem sollte man bei individuellen Bus-Trips berücksichtigen, dass der Fahrplan selten eingehalten wird. Informationen zum Busverkehr gibt es in allen Hotels.

FKK

„Oben ohne" ist problemlos an den Touristenstränden und an vielen Swimming- Pools möglich. Offizielle FKK-Strände gibt es auf Lanzarote nicht. Die Abneigung gegen Nacktbaden hat weniger mit Prüderie zu tun – Spanier empfinden den Anblick von Nackten einfach als lächerlich. Dennoch wird FKK an einigen Strandabschnitten toleriert, so etwa an den Papagayo- und den Famarastränden.

GELD

Seit 2002 ist auch Spanien Euro-Land - die Peseta gehört dem Reich der Vergangenheit an. So ist auch hier die Welt weniger bunt, aber einfacher geworden: Das lästige Umrechnen entfällt. Auch der Euroscheck hat ausgedient: Seit 2002 ist die europaweite Einlöse-Garantie abgeschafft. Als einfachste Möglichkeit, im Urlaub an Ihr Geld zu gelangen, empfiehlt sich der Gang zum EC-Automaten.

🐾 Tipps von A - Z

Badespaß in allen Varianten: Kurze Wege vom Pool zum Meer

MIETWAGEN

Wer Lanzarote richtig entdecken will, sollte sich einen Wagen leihen. Mietfahrzeuge werden in jedem Urlaubsort angeboten, übrigens deutlich günstiger als vergleichbare Fahrzeuge in Deutschland. Die internationalen Verleiher können Sie schon in Ihrem Reisebüro buchen. Wer erst auf Lanzarote ein Fahrzeug leiht, sollte unbedingt die Preise der Anbieter vergleichen. Zwar sind die in diesem Reiseführer beschriebenen Touren fast alle mit einem Pkw zu fahren – es empfiehlt sich jedoch, einen allradangetriebenen Geländewagen zu nehmen, da viele Nebenstraßen unbefestigte Pisten sind.

Das Mindestalter ist 21 Jahre. Zahlen sollten Sie per Kreditkarte, denn bei Barzahlung wird in der Regel eine Kaution verlangt. Prüfen Sie, vor allem bei einheimischen Anbietern, ob der Wagen versichert ist und ob es eine Kilometerbegrenzung gibt.

Auf der Fahrt sollten Sie Ihren Ausweis oder Pass und den Führerschein mitführen – der internationale wird zwar empfohlen, das normale deutsche Dokument reicht aber auch.

NOTRUF

Im Zuge der europäischen Vereinheitlichung ist die Polizei ist auf der ganzen Insel mittlerweile unter der Notrufnummer 112 zu erreichen.

ÖFFNUNGSZEITEN

Viele Läden, vor allem außerhalb der Urlaubszentren, halten noch die Tradition der Siesta, der ausgedehnten Mittagsruhe, hoch. Montags bis samstags sind Geschäfte in der Regel von 9 bis 13 Uhr und von 16 bis 20 Uhr geöffnet.
Während viele Sehenswürdigkeiten und Touristen-Attraktionen durchgehend geöffnet haben, sollten Post- und Bankgeschäfte vormittags erledigt werden. Öffnungszeiten: 9 bis 13 Uhr bzw. 14 Uhr, meist auch samstags.

POST

Man sagt der spanischen Post einen etwas lässigen Umgang mit Postkarten nach. So sollten Sie Ihre Urlaubsgrüße sicherheitshalber in einen Umschlag stecken, diesen als Brief frankieren und lieber im Postgebäude als im Briefkasten abwerfen. Briefmarken bekommen Sie im Postamt, daneben auch in Tabakgeschäften (tabacos), in vielen Hotels oder dort, wo Sie Ihre Postkarten kaufen.
Achtung: Es gibt auch private Briefbeförderer mit eigenen Wertzeichen; Sie sollten jedoch darauf achten, nur offizielle Briefmarken zu benutzen!

Tipps von A - Z

Auch der Schwarze Kontinent ist vertreten:
Wie wär's mit einem Souvenir afrikanischer Machart?

Radio/TV

In vielen Appartementanlagen und Hotels gibt es Satellitenanlagen und entsprechende Radio- und Fernsehprogramme auch auf Deutsch.

Strom

Auf Lanzarote stehen in allen Urlaubsorten 220 V zur Verfügung. Die großen und modernen Anlagen verfügen über Eurosteckdosen. In sehr alten Unterkünften findet man noch alte Dosen, für die ein Adapter notwendig ist. Adapter, bzw. Multistecker sind aber auch in Geschäften auf Lanzarote erhältlich.

Taxis

Taxis sind auf Lanzarote recht kostengünstige Transportmittel. Und praktisch allemal: weniger aufwändig als ein Mietwagen, flexibler als die Busse. Normal-Fahrten werden per Taxameter abgerechnet,

Tipps von A - Z

für weite Überland-Fahrten gibt es Festpreise. Diese erfahren Sie auf Listen, die sowohl im Gefährt als auch an den Taxi-Ständen einzusehen sind.

TELEFON

Das Telefon-System Spaniens ist ähnlich dem deutschen: Die öffentliche Fernsprechverbindung gibt es via Münz- und via Karten-Telefon. Wobei letzteres natürlich praktischer ist. Karten (tarjeta telefónica) gibt's in Geschäften und Supermärkten.
Erst nach Gesprächsende zahlt man in den Telefonläden (locutorios) oder im Hotel – was sich empfiehlt, wenn Sie längere Gespräche führen möchten bzw. Restbeträge auf den Karten nicht verfallen lassen wollen. Im Hotel müssen Sie allerdings mit erheblich höheren Gesprächsgebühren rechnen.
Bei Auslandsgesprächen wählt man zunächst die 00, dann die Vorwahl des betreffenden Landes (für Deutschland 49), dann die Vorwahl des Ortsnetzes (ohne die 0), schließlich die Nummer des Daheim-

Bezaubernde Begenungen zwischen Sand und Meer: Strandvergnügen auf Lanzarote

Tipps von A - Z

Grünes Holz in weißem Stein: Die inseltypische Bauweise

gebliebenen.
Über die Möglichkeiten, die Ihnen Ihr Handy auf Lanzarote bietet (und die hierbei anfallenden Gesprächsgebühren), informiert Sie Ihr Anbieter.

TRINKGELD

Die Bedienung ist in den Preisen auf der Speisekarte zwar inbegriffen, dennoch sollte man in Restaurants Trinkgelder wie etwa in Deutschland geben. Üblich sind rund 10 Prozent. Besondere Dienstleistungen im Hotel sollten Sie ebenfalls honorieren.
In Restaurants nicht die Rechnung aufrunden, sondern korrekt herausgeben lassen. Dann das Trinkgeld auf den Rechnungsteller legen.

ZEIT

Die Uhr muss um eine Stunde zur MEZ zurückgestellt werden. Das gilt auch in den Sommermonaten, da Spanien ebenfalls eine Sommerzeit hat.

Tipps von A - Z

Weißer Bau auf schwarzem Sand:
Die Landesfarben Lanzarotes

ZEITUNGEN

Wer sich über die Ereignisse und Veranstaltungen auf Lanzarote informieren möchte, wird deutschsprachig mit Blättern wie „Info Canarias" „Kaktus" „Canaria Magazin" oder „Wochenspiegel" bedient.

ZOLL

Spanien ist EU-Mitglied. Lanzarote und ihre Schwestern gehören zwar zum Zoll-Gebiet der Union, aber der fern-insulare Teil Spaniens wird nicht zum Steuer-Gebiet der EU gezählt. D.h. Sie müssen alle Waren, die den Wert der Freigrenze von 175 Euro überschreitet, bei der Einreise nach Deutschland versteuern. Es fällt die Einfuhr-Umsatzsteuer und ggf. die Verbrauchssteuer an. Sinn der Sonderregelung ist es, die Lage der Inseln zu kompensieren – diese sollen aber in den Einheimischen und nicht den Urlaubern zugute kommen. Die Freimengen bei Genussmitteln liegen bei 200 Zigaretten.

Schöne Ausblicke:
Auf Wiedersehen auf Lanzarote!

Ortsregister

A

Agua Lanza	**166**
Arrecife	**65ff, 170**
Arrieta	**113f, 169**

B

Bajo de los Sables	**169**

C

Caleta del Burro	**152**
Caleta del Sebo	**148ff, 152**
Casa de El Golfo	**135f**
Castillo de San Gabriel	**166**
Cueva de los Verdes	**108f, 163f**

E

El Golfo	**135, 171**
Ermita de las Nieves	**102f**

F

Femés	**131f**

G

Guatiza	**114f**
Guinate	**106**

H

Haría	**103, 105f**

J

Jameos del Agua	**112f, 164**
Janubio	**134f**

L

Lago Verde	**135**
La Caleta	**119f**
La Geria	**144**
La Graciosa	**147ff, 170**
La Isleta	**124**
La Santa	**121, 124**
Los Valles	**101f**

M

Mancha Blanca	**124f**
Mirador del Río	**106f**
Montañas del Fuego	**140f**
Mozaga	**126**

O

Orzola	**108**

Ortsregister

P

Pedro Barba	**151**
Playa Blanca	**133f**
Playa del Risco	**169**
Playa de Famara	**120, 169**
Playa de Janubio	**171**
Playa de las Conchas	**151**
Playa de la Cocina	**152**
Playa de Papagayo	**134, 170f**
Playa Francesca	**152**
Playa Quemada	**130**
Puerto Calero	**130**
Puerto del Carmen	**87ff, 170**

R

Rancho Texas Park	**165**

S

San Bartolomé	**127**

T

Tahiche	**100f**
Teguise	**77ff, 101, 118f, 170**
Tiagua	**125f**
Timanfaya-Nationalpark	**138ff**
Tinajo	**124**
Tropical Park	**164**

U

Uga	**141**

Y

Yaiza	**136, 138**

Sachregister

A

Almogaren de Max	165f
Apotheken	180f
Architektur	21, 29
Ärzte	180f
Autofahren	181f

B

Bevölkerung	19f
Busse	94, 182

D

Drachenfliegen	161

E

Einkaufen	57ff
Essen	39ff

F

Feilschen	59
Fiestas	21, 174ff
FKK	25, 169, 182
Folklore	20f, 24f

G

Geld	182
Geschichte	33ff
Getränke	39ff, 144
Golf	160

H

Hochseefischen	156

K

Kinder	162ff
Klima	16ff
Kultur	20f, 24f, 101

L

Lage	12ff, 31
Landschaft	12ff
Lebensstil	25f
Lucha Canaria	25, 124, 141, 175

M

Manrique, César	11, 21, 29, 69, 72, 100f, 112ff, 126f, 140
Märkte	61, 73, 80f
Mietwagen	95f, 183f
Mountainbiking	160f
Musik	21, 24

Sachregister

N
Notruf	**184**

O
Öffnungszeiten	**184**
Olivin	**62, 135**

P
Pflanzen	**61f**
Post	**185**

R
Radfahren	**160f**
Radio	**185**
Reiten	**160, 163**

S
Segeln	**155**
Siesta	**26, 184**
Souvenirs	**57ff, 105f**
Sport	**154ff**
Sprache	**20, 31, 48ff**
Strom	**185**

T
Tapas	**44**
Tauchen	**156**
Taxis	**94, 185**
Telefon	**186**
Tennis	**157**
Tierwelt	**15f**
Timple	**60f**
Trinkgeld	**187**
TV	**185**

V
Vegetation	**14f**
Vulkanismus	**13, 34, 139f**

W
Wandern	**157**
Windsurfen	**154f**
Wirtschaft	**26f, 31**

Z
Zeit	**187**
Zeitungen	**187f**
Zoll	**188**
Zweiräder	**96f**

Strandleben zwischen Palmen und Meer: Lanzarote ist eine Reise wert!

Impressum

Verlag:	**B&W** MEDIA-SERVICE Werbe- und Verlagsgesellschaft mbH Nöckersberg 39 45257 Essen Tel: 02 01 - 8 48 23-0
Text:	Werner Hellweg
Redaktion:	Heribert Manntick
Gestaltung:	Oliver Arndt & Jasmin Klemt
Kartographie:	**B&W** MEDIA-SERVICE
Fotos:	**B&W** MEDIA-SERVICE; Seite 38: Spanisches Fremdenverkehrsamt (Düsseldorf)

Die in diesem Reiseführer und auf der Touristischen Übersichtskarte gemachten Angaben erfolgen nach bestem Wissen. Eine Gewährleistung für Vollständigkeit und Richtigkeit kann nicht übernommen werden. Für Anregungen oder Ergänzungen wenden Sie sich bitte an den Verlag.

Alle Rechte im In- und Ausland sind vorbehalten. Jede Verwertung, auch auszugsweise, bedarf der ausdrücklichen Genehmigung durch den Verlag. Das gilt auch für die auszugsweise Vervielfältigung, für die Übersetzung, Adaption, Nachahmung sowie die Einspeicherung und Verarbeitung in EDV-Systemen.

© **B&W** MEDIA-SERVICE
Werbe- und Verlagsgesellschaft mbH
Printed in Germany
ISBN 3-932901-11-8

Jetzt online bestellen: Versandkostenfrei!
Die preiswerten Reisemedien von

Taschenreiseführer

Die Sonnenziele rund um's Mittelmeer
Reichlich bebildert und mit großer Faltkarte.

Die beliebtesten Fernreiseziele

Interessante und informative Lektüre für Reisende.

Sprachführer

Viele Informationen im Taschenbuchformat mit praktischen Sätzen für unterwegs und einem umfangreichen zweisprachigen Wörterbuch. Ca. 180 Seiten.

Reise-Hörbücher

Ideal für unterwegs: Eine CD mit allen wichtigen Informationen.

Nähere Informationen und Bestellung unter:
www.tourscout.de